打つ手は無限

変貌する社長業

Unlimited Strategies
The evolving role of the president

牟田學
Gaku Muta

JN287627

サンマーク出版

まえがき

成功を目指すことが成功だ

遠くに旗を立て続ける

私は、就職をした経験がない。

今でも思うのであるが、若い頃に事業家を志したり、自分が本当にやりたい職業を目指したりするという方向性は、自主独立で大変よい選択肢だと信じている。

私の若い時代には、事業家を志し、就職をしないという方向を選択するには勇気が必要だった。当時、世界一周を幾度もやって、先進国の人々の生き方を参考にした。この日本でも、事業家や、芸術家や、スポーツマンや、文筆家など、個人的な職業を目指す人も増えて、やっと立場を得るようになった。事業家は、資本主義のチャンピオンなのである。

現在、幾つかの事業をやりながら、他人様の事業の指導をし、経営書を著したり、講演をしたりしている。また、学者をやったり、画家をやったり、ゴルフ場の理事長までやっている。結構、楽しいものだ。定年は、自分で決定すればよいとさえ思っている。

私の生き方は、いつでも、多くの人々と同じ方向を目指さないという視点を大切にしている。競争がエスカレートして、目的を失い、競争そのものに意味を見つけ出すようになってしまうことを嫌っているからである。生き方も、事業も、安易に周囲をまねて方向を決めないことだ。ブームに乗るよりも、自分で自分の心を確認して、本当にやりたいことをやることである。

二〇歳のときに会った中村天風さんが言っていた。「人は誰でも、何事をも、自分自身が深く思い、考えたとおりに成すことができる。つまり、何事も、自分が自分自身に与えた想念のとおりになる。自分ができないと思い込めばできないし、できると信念すれば何事もできる」と。

人生は自分のものである。誰のものでもない。それが自覚ができるようになったら、いや、自覚したいなら、人生を、どう生きていくか、どう死にたいかをよく考えて、旗を立てることだ。成功も、苦難も、全部、自分の心の中にあると私は信じている。

天風先生の本は、宇野千代さんが出して以来、長い間、誰も手をつけなかった。やがて、その本も絶版となり、残念ながら、天風先生は忘れられた存在になってしまった。若い頃に会った天風先生の哲学が心の中に強烈に残っていた私は、いつの日か、この手で必ず先生の本を出版してやると、長い間ひたすら念じ続けていた。

そんな年月の果てに、やっと天風先生の秘蔵の講演テープの存在を知った。出会ったのだ。「念ずれば通ずる」、思い続けて三十余年である。偶然ではなく、必然である。

天風先生の肉声をそのまま忠実に伝えたいので、テープから原稿を起こし、少しの編集を加えて、四冊をシリーズで出版することができた。編集を担当した中山敏君は、天風先生の語り口調をそのまま原稿にした。こうして、「天風ブーム」が巻き起こった。

先生の本は、人間の大事な生き方を実務として説いた処世の哲学である。天風先生に会ったから、私は、次々に遠くへ旗を立て続けてきた。今でも、雲をつかむほどはるか遠くに、旗を立てようと思っている。

思想や哲学は、生き方の方向性を決定するのに、欠かせない大事である。偉人に会って話を聴き、伝記を読み、映像を見るといい。心が鼓舞される。

忙しい人生なので、学問は基礎をしっかりやり、後は走りながら学び、実務の思想を身につけるほうが無駄がない。学歴は、多くの友人をつくったり、就職するのに役立つし、学者になるなら利も大きい。しかし、経営の実務には、大概して、役立たない。それはなぜか……経営は学問になった時点で、すでに遅れていることが多いからだ。事業は、日進月歩である。生きているからである。

事業の成功にとっては、学問体系になりにくい勇気や、魅力や、情や、犠牲的な精神や、創造力のほうがウエートが高いことを、実務家は感じている。学問と経営実務は、今ではまったく別であり、今の経営学の学問としての有用性については個人差が大きい。多くの職業には、むしろ感性の領域のほうが大事である。

私は、学問としての経営学を学んだ。しかし、今、それらを捨て去って、いや、それらを修正し、実務を追加して、新しく経営の実学を体系化することにチャレンジしている。それが「社長業シリーズ」である。体系を一〇コースに分けて、すでに、指導や講演を四〇年以上も繰り返してきた。

「魅力」がなければ成功しない

人間が人間に惚《ほ》れ込むのは、魅力のせいである。魅力があるから、その人に心酔してついていくのだ。魅力は、事業や人生に成功するうえで、リーダーにとって不可欠の要素だ。その魅力の根源はどこにあるかと突き詰めると、性格に辿《たど》り着く。性格こそ、魅力を構成している根源である。

男と女が恋をする。初めは顔だとか、体とかに魅《ひ》かれるものだ。しばらくすると、その人の持つ知識や、情や、経験から出ている性格に魅かれるようになる。特に、年をとってくると、性格こそ一番の魅力である。もともと愛とは、この魅力に魅き込まれることをいう。魅力とは、その人の性格であるから、性格を磨く以外にない。性格が深く、広く、そして強くなければ、他への愛は生まれない。特に、リーダーや、男は、優しくないと魅力がない。強くなければ優しくなれないし、優しくなければ強い心を保てない。

学問も、思想も、事業も、政《まつりごと》も、幸福になりたいという人間の情の満足のためにある。人を不幸にするものは、学問でも、思想でも、事業でも、政でもないし、長く続かない。性格を鍛え、象《かたど》るものは、具体的には世界観を磨くことであり、たくさんの場数を踏むことが大事である。可愛《かわい》いわが子に旅をさせることだ。特に、男子は、他人の飯が大事である。世間の厳しさや、苦労や冒険を通して、強い性格が培われる。

人間は不思議なもので、新しい経験に、チャレンジすることを嫌う傾向がある。不安であるからだ。

「他にもっと住みやすい場所があるのに、何でこんな極寒の地に……」と思われるようなところに、長く、幾代も住んでいる人がいたりする。他に住みやすい場所があっても、不安が先立って、そこに行ったことがないのだ。「もっと暖かいところに住んだほうがいいのに」と思うのだが、彼らには比較する術《すべ》がない。その極寒の地にも、言い知れない魅力を、見つけているのだ。魅力があるからこそ、住んでいることを知っておくべきだ。

しかし、世慣れた現代人の多くは、極寒の地ではなく、暖かい地を探すように、会社という場所を選ぶ。会社を比較する道具も多くなり、便利になった。

まず、このリーダーについていけば食いっぱぐれがないか、という目で社長を見る。社長が強くないと魅力がない。厳しいか、優しいか、手腕はあるか、会社としての魅力はどうか、給料やボーナスはいいか、という比較をする。そこで働く人たちの当然の選択眼である。

さらに、会社の将来性も見る。商品、ライバルの力、売上利益の傾向を比べられたときに、極寒の地は選ばれない。

社員も社長を選び、社長も社員を選ぶ。私の場合、社員たちが、どういう自分を期待しているかを思い、個人的にも魅力をつけるようにしている。笑いながら軽い気持ちで、正直、そう考えている。ちょうど、色男が女にモテたいと思うような心である。だから、見事に、格好よく生きることが、私の人生哲学である。みっともないことはしない。

資本主義のチャンピオンを目指す

年の瀬も迫った冬の日に、東京の小さな町工場へ行った。

会社の再建を友人に頼まれて、そこの社長に会いに行ったのである。目指す自宅は、町工場の同じ敷地の中にあった。

工場主は、ミカンのダンボール箱の上に、「鉄管ビールです」と言って、水の入ったグラスを置いた。工場主は、下請けの仕事が激減し、発注先ですら生きていけなくなったことを話した。「遅かったか」と、私は悔いた。

しばらく話していると、私の後ろの襖《ふすま》がそっと開いたように感じ、振り返ったら、そこに、小学校の二、三年生と思われる男の子の顔があった。

「この子は誰です」という問いに、工場主は、「一番下の子供です」と答えた。そのとき、奥さんがいないことに気づいて聞くと、「実家に帰している」ということであった。

「実は、この子は、あなたが借金取りだと思い、うかがっていたのですが、どうもそうではないと感じたのでしょう」と言った。

警戒心の強い子で、この子を膝《ひざ》に抱いてミカンを一緒に食べるまでに、半日を費やした。少しずつ笑顔が戻り、私になれてきた。

工場は、借金を重ねており、すでに他人に渡っていたので、転業以外にない。そこで、急場の凌《しの》ぎに、ゼネコンの下請け・孫請けをやってもらうように、説得の矛先を変えた。

実は、私は、「マリア・デル・ソーレ」という名前のマンションを数棟経営している。全部、賃貸物件で、販売はしていない。都内では、代々木八幡や下高井戸に持っているし、千葉の津田沼や習志野にも持っている。

工場主は建設に素人だったので、結果として、私のマンションを建築しているゼネコンの社長に、下請けとしての教育から、人の手配まで手伝ってもらいながら、新しい事業を旗揚げした。

二年ほどで、三棟の下請けをし、徐々に軌道に乗るようになって、あるとき、私たち夫妻は、この工場主夫妻にパレスホテルのディナーに招かれた。フランス料理であった。話が弾むにつれて、私は自分だけが話していることに気づいた。家内が、私の脇腹《わきばら》をついたからである。

見ると、二人は、涙をポタポタと落としながら、「あの頃は真っ暗で、死のうとさえ思った。でも、生きていて本当によかった」と言うのだ。四人で、涙の入ったしょっぱい肉を食べながら、再び資本主義のチャンピオンを目指すことを誓い合った。


コンサルタントという商売は、第一位に、使命感や哲学が必要である。そして、腕力が強くないとできない。この道は厳しく、しかも難しい。もし天に神がいるとすれば、神に誓って、強く必要とされるような存在になるよう、ひたすら精進し、戦略を練り、高邁《こうまい》な目標を掲げ、工夫し、増客とお客様第一を謳《うた》い、情熱溢《あふ》れる経営を推進することである。

打つ手は無限

私が父親のように慕う滝口長太郎さんという方がいた。

極貧の中から、身一つで海藻問屋を興し、魚粉肥料会社・不動産業・中華レストラン・長太郎ゴルフ場……と、次々に経営を多角化していって、大きな成功を収めた人だ。千葉県を代表する立志伝中の実業家である。

長太郎さんは、尋常小学校を卒業すると、すぐに海へ出て、海藻を拾うようになった。漁師のように舟を持っていなかったので、海藻拾い以外になす術がなかったのだ。その海藻を干して、リヤカーに積み、遠くまで売り歩く。漁師町でも最下層で、「海のモク拾い」と蔑《さげす》まれ、その日、食うだけで精一杯だった。

昭和二一年七月、二七歳、一念発起して「長太郎商店」の旗揚げをした。文字どおり無一文だったから、「商店」といっても野天である。それでも、多くの人々の善意を仰ぎ、小金を借り集めて独立創業を果たした。決して順風満帆ではなかった。幾多の試練を、持ち前のチャレンジ精神と才覚、創意工夫、人を魅きつけて離さない性格で乗り越え、遠くへ遠くへと旗を立て続けてきた。努力一途《いちず》の人である。

私は、この人が大好きだった。まるで親子のように仲よくなって、一緒に講演もやった。

長太郎さんが、私の講演を最後に聴いてくれたのは、栃木県の宇都宮市だった。それから、わずか一カ月後に長太郎さんは亡くなられたが、実の父親を戦争で失っていた私は、とても悲しかった。

長太郎さんは、「打つ手は無限」というのが晩年の座右の銘で、その言葉を自分の墓にも書いている。事業家としての滝口長太郎さんの情熱が迸《ほとばし》る、素晴らしい詩だ。

打つ手は無限

すばらしい名画よりも、とてもすてきな宝石よりも
もっともっと大切なものを私は持っている
どんな時でも、どんな苦しい場合でも、愚痴を言わない
参ったと泣き言を言わない

何か方法はないだろうか、何か方法はあるはずだ
周囲を見回してみよう
いろんな角度から眺めてみよう

人の知恵も借りてみよう
必ず何とかなるものである
なぜなら打つ手は常に無限であるからだ

これからの大変貌《へんぼう》の時代に最もふさわしい言葉なのでここに記し、滝口長太郎さんに敬意を表して、「打つ手は無限」を本書のタイトルとさせていただいた。

読んでいただく方にとって役立つものとなるように、本書ではできるだけ具体的な事例を挙げた。本書は次のような流れになっている。

1章では、どれほどの業種、業界で大変貌が起きているかについて、具体的に述べた。あらゆる業種、業界で、旧態をとっていては衰退あるのみという、劇的な変貌が起こっている。もし今、自分のやっている事業で悩んだり、あるいはどんな事業を起こそうかと迷っている人にはぜひ読んでいただきたい。

2章では、今世の中に受け入れられるポイントについて具体例を交えて述べた。「感性を磨く」ということが繁盛につながるということを理解していない経営者は多い。「好きか嫌いか」が購入の判断基準になる現在、商品開発においても、人々の感性に訴えることが最も大切である。

　3章では、経営にあたっての根幹の部分、経営というものにどんな姿勢で臨むかについて書いている。今はまだ経営者ではないが経営に興味を持っている方はこの章から読み始めてもいいかもしれない。

　4章では、世の中の大きな流れ、向かっている方向について書いた。世の中の流れをキャッチして繁盛に活《い》かすためにも、ぜひ参考にしていただきたい。


　社長業は、大概すると、環境対応業である。激しい変化を正しく先見し、間違いない対応ができない社長は、事業の明日の輝かしい繁栄や、安定を築くことが難しい。

　これまで長く続いてきた不況や不振を理由に、いつまでも縮こまった志向を持ち、それを払拭《ふっしょく》できず、社員も、社長までもが、積極心を失っている会社が意外に多い。

　思想が消極的であれば、決していい手は打てない。必ず繁盛させる、という強い「思い込み」を胸に、本書を読んでほしい。行き詰まりを感じる経営者の方も、きっと「打つ手は無限」と思っていただけるはずだ。

Unlimited Strategies
The evolving role of the president

打つ手は無限

目次

1章

これから大変貌し繁盛する新事業の数々

住宅、建設、不動産業の変貌

飲食業の変貌

施設産業の変貌

2章

感性を磨くことが繁盛につながる

成功をデザインする

本質をつかみ取る感性を養う

Unlimited Strategies
The evolving role of the president

3章

規模を追求する「覇道」質を追求する「王道」

Unlimited Strategies
The evolving role of the president

4章 変貌するグローバリゼーションをとらえ繁栄する

装幀――川上成夫
編集協力――逍遥舎

Unlimited Strategies
The evolving role of the president

1章

これから大変貌し
繁盛する新事業の数々

独特の「切り口」で勝負

「コンセプト」を変えて繁盛する

どんな業種であれ、旧態では生き残れない時代であることは言うまでもない。商品開発、販売方法など、どのように工夫し旧態から脱するかについては、異業種に学ぶことが大いに参考になる。それぞれの業種において、まったくの新事業といえるものは少なく、すでに現業として過去から存在していたもので、そこに工夫を施したものが多い。

つまり、「業種的には既存であった」。ところが、どことなく異なって見えたり、やり方が違ったりして、新規と判断されているものが多い。

寿司店も、雑貨店も、薬局も、マッサージ店も、銭湯や温泉も、自転車店も、車のディーラーや修理店も、靴店も、百貨店も、喫茶店も、病院も、塾も、家電店も、建設会社も、学校も、水族館も、惣菜《そうざい》店も、写真館も、介護センターも、釣具店も、スポーツ用品店も、花屋も、ペットショップでも……挙げればきりがないほど、これまでと「異《い》」な新しいコンセプトの店が多い。今昔の感がある。

長い間、雑貨店で歯磨き用品を買っていた人が、今はコンビニで買っている。鍋《なべ》や釜《かま》を駅前の金物店で買っていた主婦が、昨今ではホームセンターで買う。ホームセンターには、広い駐車場があって、金属商品も、プラスチック商品も、木製商品もあって、時には、食べ物や花などまで売っている。古い業態は流行《はや》らなくなった。

スターバックス・コーヒーショップや、ドトール・コーヒーショップは、業態としてわかるが、「ご主人様、お帰りなさいませ」と言って迎えるメイドカフェや、最初は冷たい素振りでもてなすツンデレカフェは、実際に行ってみないとわからない。面白いというので、遠くから見学に訪れる人も多い。

ダイソーの矢野博丈社長がやっている百円ショップは、三〇〇〇億円もの規模となっているが、不況から好況になっても強い。もともと、仕入れに強い社長であるが、新しい業態開発の先駆者である。

先駆者は、どの業態でも現産業の経営の変革を行う。新しい繁盛をしたいからである。システムを新しく変えたり、販売のやり方を変えたり、旧態事業の規模を大きくしたり、複合化したりしている。時には、異業種のやり方を導入したり、値段を途方もなく安くしたり、機械化をしたりしている。そういうパイオニアである。

大きすぎたり、値段が高すぎたり、アナログであったり、用途やお客様の対象が不明であったり、欠点・不便・不在であったり……現業・既存の流行らない理由にメスを入れている。新しい切り口でチャレンジしているところばかりである。

新潟の護国神社は、結婚式場「迎賓館ＴＯＫＩＷＡ」を運営している。護国神社は、各都道府県に一つ存在している神社である。迎賓館ＴＯＫＩＷＡの総支配人は齋藤伸雄氏である。

式場をタイタニックのコンセプトで創った。豪華客船である。これまで、タイタニック号の事件は、史実として、次に悲劇として、そして永遠の愛のロマンとして、三度も映画化されている。過去のヒット商品を、切り口を変えて幾度も登場させるのは定石である。これからもタイタニックほどの歴史的出来事は、幾度も映画化されるに違いない。

そのたびに、この結婚式場は話題となり、長く繁栄するはずであるが、現に、今では新潟県下第一位の人気である。二年先まで予約が入っている。

数年前、未《いま》だ旧態だったこの式場に行ったら、人力車が売り物で、乗せてもらったことがある。和式だったのだ。今は、船の甲板から一等船室へ螺旋《らせん》階段で下りてくるようになっている。窓の外は、海をデザインした作りになっている。

結婚式そのものは、人々の要望が複雑になり、地味婚や、仲人を立てないという風潮が一般化し、派手と地味の二極化が進んでいる。

ホテル・教会・神社・互助会の他に、レストラン・ウエディング、ホーム・ウエディングと、多様な競争をしている。

「スタジオアリス」は、写真スタジオであるが、業態は印刷業に近い。

現代人は、生まれて死ぬまで数多くの記念すべきイベントを持つ。そのたびに写真を撮る。出生時、幼稚園入園時、小学校入学時、そこから大学の入学・卒業までのすべてに写真がついて回る。成人式・結婚式・家族の祝儀・不祝儀……など、すべてのイベントに写真撮影は必須《ひっす》である。

素人が撮ったこれらの写真は、DPE店に回され、各人が買ってきたアルバムに張られていた。それが長い間、定着してきた習慣であったが、ここ三〜四年前から新しい業態が出てきた。スタジオアリスは、すでに上場しているが、急激な成長である。

スタジオで写真を撮るのは、主に女性スタッフである。もちろん、男性のカメラマンもいる。小さい子供が主役であっても、よく教育された女性のカメラマンは、上手にあやす。小道具も、カバン、机、鉛筆、スポーツ用具、何でもそろう。羽織袴《はかま》、数々の衣裳《いしょう》もそろい、撮影のバックまである。

カメラも高性能デジタルで、写真は印画紙ではなく、レーザープリントで出力する。そうすると、アルバムが豪華な本のようにでき上がる。今までと比べると、アルバムの品質で、素人装丁と玄人装丁のような差がつく。お客様の流れが変わった。写真館業態は、大変貌《へんぼう》である。

既存には進化がない。五年、一〇年と時がたてば、すべてのお客様が新しいことに期待される。イノベーションは当然である。

新しい売り方を加える

販売の方法別の業態には、「店頭販売業」「訪問販売業」「媒体販売業」「配置販売業」「展示販売業」の五つあるが、これらの販売法による業態変貌も著しいものがある。

最近、「オフィスグリコ」というのが定期的に巡回してくる。これは、置き薬とやり方がまったく同じで、配置販売というジャンルの売り方を採っている。

置き薬が地位を得ているように、職域中心にスナック菓子類が入った箱を配置している。職場では、お茶請けに、三時のおやつにと、好評である。百円均一、セルフサービスで、勝手にコインを入れて箱を開け、好きなスナック菓子を取り出す仕組みになっている。

このオフィスグリコも進化し続け、最近では夏場に向け、立派な冷凍冷蔵庫を各オフィスに無料で配置し、アイスクリーム類を置くようになった。女子社員に抜群の人気である。もちろん、配置するスペース代と電気代は、グリコにとってはタダなわけだ。

また、OCS（オフィスコーヒーサービス）も、職域にコーヒーメーカーを置き、レギュラーコーヒーを売っている。

職場に五〇人いれば、そこに五〇席満杯の喫茶店が営業しているのと同じようによく売れる。職域であるから、コーヒーを一杯一杯売るのではない。焙煎《ばいせん》したレギュラーコーヒーとコーヒーメーカーがセットで配置され、ボタンを押すだけで一杯分が注がれる。

多くの若い社員たちは、マイカップを持っていて、一日に五杯も一〇杯も飲む。通常、一三杯ほど取れるというコーヒーを、社員たちは五～七杯で捨てる。もちろん、家賃も、光熱費も、配置先が払うのであるから、非常にいい業態の商売である。

他の産業では広くやっているが、自社が属する業界ではなかったので、導入したら大成功したという例は多い。国内外問わず広く見聞きすることが大事である。

世の中の流れから発想する

加速する高齢社会と繁栄視点

少子高齢化の先輩国は、ヨーロッパの先進諸国である。しかし、日本は、どのヨーロッパ先進諸国より、最も急速に「老齢社会」になった国である。

私たちは、一五歳から六四歳までを生産人口と呼んで、働く世代だとしている。国際基準によると、六五歳以上が人口の七パーセントを超えた場合、「高齢化社会」と呼び、さらに一四パーセントを超えると「高齢社会」と呼んでいる。日本は、三〇年ほど前に、六五歳以上が七パーセントを超え、高齢社会に突入したが、その後、急激に増え続け、今では二一パーセント、実に五人に一人が六五歳以上である。

昭和三五年に、日本で初めて本格的なケア付き有料老人ホームが民間でつくられた。熱海が中心で、横浜に数カ所つくられた。それが「中銀マンション」である。

創業者は、私が尊敬する、渡辺蔵人さんという弁護士が本業の経営者だった。それから、幾十年、この産業が次に陽《ひ》の目を見たのは、現在である。

老人人口が増え、このまま行くと多くの生活できない人たちが出るからである。親子・孫・曾孫《ひまご》まで、幾世代もが一緒に暮らすという日本的な生活習慣が崩れている。

政治は、「特養」と称する特別養護老人ホームを各地に設けて、老人ホームのモデルをつくった。しかし、このシステムは、単にモデルに過ぎない。

ヨーロッパでは、「サッチャー以前」という言葉がある。北欧の多くの国では政治が干渉した特養が数多くできた。つまり、税でまかなうことが多くなった。当然のように、働く世代が重い負担を感じる。昔、テニスのプレイヤーだったビヨン・ボルグは、重い不公平な税負担が嫌《いや》で、スウェーデンからモナコに移ったといわれたほどだ。サッチャーはこれを嫌って、多くの老人施設を民営化した。有料老人ホームの登場である。

日本の特養は、サッチャーの政策のように、方向転換して新しい時代を迎えなければ、やがて存続が難しくなる。そうなって、初めて本格的な民営の有力な有料老人ホームの時代が到来する。

料金は、ピンからキリまでになる。サービスも、民営は競争が激しく、よい方向になる。建物も、設備も、制度も大いに改善されるし、海外先輩国の勉強も盛んになって、早く、よいシステムを導入した会社が、社会に認知されてくるに違いない。

このような分野では、弱者を扱うだけに、どんなことがあっても不正義を行ってはならないし、そういう会社は生き残っていけない。正義を貫くことを、強い理念としていなければならない業態だ。

アメリカの南カリフォルニアには、多くの「ゲートコミュニティ」と称する排他的なリゾートやケア付のコミュニティがある。実に嫌な感じであるが、白人至上主義が思想の根底にあって、黒人やヒスパニックと一緒に暮らすことを嫌悪し、隔離して塀を設けた社会をつくっている。いやらしいと思う。

日本人は、こういうことを学んではいけない。もっと誇りや自信を持って、人間社会をつくることだ。金持ちも貧乏人も一緒に暮らしていくのが、繁栄の根幹の思想である。

会社も、さまざまな能力の人間を採用していないと、強く生きていくことができなくなるし、他人の心がわからない特定の人間集団をつくっては、やがて衰退してしまう。

いろいろな人たちが混在していて、初めてよい社会ができ上がる。金を少し多く持った者が、貧しい人たちを馬鹿にするような底の浅い思想で、会社を経営したり、国を治めてはならない。「信長《のぶなが》」を志向して治めるなどは、笑止である。心の温かさを失っては、悲しい国となってしまう。

「爾《なんじ》の俸《ほう》、爾の禄《ろく》は、民の膏《こう》、民の脂《し》なり。下民を虐《しいた》げるは易《やす》し。しかれども、上天を欺くは難《かた》し」……これは、信長よりはるか後年の人物、第五代二本松城主・丹羽高寛の言葉であるが、心して治めることである。

ニューヨークの近郊にあるニュージャージーに、テイクグッドケアという介護機器の販売会社がある。全米はおろかヨーロッパの先進国から介護機器を集めているが、残念ながら、事業家の見学を許していない。

私の秘書は、見学している数少ない日本人であるが、日本では考えられないほどの機器があることを、報告会で紹介してくれた。建物の大きさも、デパートのようであるが、特殊なベッドや椅子、トイレ・洗面・入浴の機器や歩行用機器、在宅介護用具や機器、派遣介護システム、給食システム、薬局サービス、デイケアシステム、気・ヨガ・瞑想《めいそう》、遺伝子事業、エステ、認知症治療、環境グッズ、オーガニック衣料、グループホームや老人ホーム経営ノウハウ、バリアフリーの部屋のあり方まで、日本人にも学んで欲しいと思われるものが多い。日本は、まだ、この分野では発展途上国である。

免許や資格も、規制緩和も、外国人の雇用も、これから導入すべきものが多い。また、本当の子が親の老後を護《まも》るという考え方も、日本人に残っている最高の思想である。幸福とは、一体全体、どういうことであるか、考えて職の任に当たるべきだ。

防犯とデジタル事業の成長

防犯事業の成長は、これからが本番である。

これまで、防犯には多額の初期投資が必要だというイメージがあった。だから、法人や官庁の得意先が中心で、工場や事務所、店やビルに偏っていた。さらに、「個人情報保護法」が新たに施行され、この法人・官庁という分野に、新しくて大きな需要が生まれた。多くの会社では、情報管理室を設け、コンピュータがある部屋に指紋センサー式のドアロックつけたり、防犯フィルムで窓を覆ったりした。もちろん、コンピュータは、パスワードやIDがわからないと、開かないようになっている。

長い間、アナログでやってきた店や工場やビルに、近代的なデジタル対応が求められるようになったのが、繁盛法が変貌するようになったそもそもである。

昨今では、デジタル化が、マンションや戸建の住宅へも浸透してきた。しかも、初期投資が安い。家庭向け、個人向けに、品質の高い防犯機器が数多く開発されているのだ。いずれも、デジタル対応ばかりである。

機器の価格や維持料金は、千差万別であるが、旧来の防犯ビデオで、九〇分とか、一二〇分とかのカセットテープを回しているところは一軒もない。多くの家庭の防犯機器はH

DDである。モニターは、テレビと同じであるから、スイッチさえ入れておけば、二四時間対応である。しかも、三〇日間も連続して撮影・記録できる。

家の要所要所、特に四角い家の四方向にカメラを置き、さらに、窓や扉や家の周囲には赤外線センサーを配している。少しでも動くものがあれば、音や光を感知し、室内に警報を鳴らす。もし、不在であれば、情報が携帯電話につながる。在宅のときに侵入する者があれば、近所とか子供の家に連絡が入る仕組みになっている。この仕組みで、初期投資は一〇〇万円から二〇〇万円程度である。

継続してかかる費用は、ときどきのメンテナンスくらいである。もし、管理まで依頼すれば、別に月三万〜五万円程度かかる。町として集団で負担するシステムであれば、少し安くなる。しかも、事業としても十分に採算ベースに乗る。シミュレーションすればいい。

防犯機器のメーカーで「アツミ電気」があるが、社長は小田裕一氏で、親切に相談に乗ってくれる。指紋センサーを玄関ドアや室内ドア、窓などにつける場合は、「株式会社シモン」がある。この分野は、これから立ち上げても十分に戦っていける新システムや新商品や工事・メンテナンスが多い。

注意点は、デジタルであることだ。また、安価であることが普及を促進する。しかも、町内は未だネットワーク化されていないので、市場が大きい。

昨今、単純な防犯用具で、防犯ガラスや防犯フィルム、ペアガラスや特殊なディンプル鍵《かぎ》などが売れているが、「物騒な世の中になった」とよく聞くし、「命や財産をとられる心配がある」という調査結果を見ることが多い。

平和を守るためにも、人命や財産を守るためにも、防犯意識はますます高まってくる。防犯事業は、成長産業として参入しやすい。

既存の業態を脱し成長する高付加価値経営

農業の経営に不可欠な視点

付加価値経営とは、高収益体制を採ることを指している。農業に従事する人たちの所得が、他の職業に比べて低いのは、経営的な感覚を身につけていないことが要因である場合が多い。

これでは、一般の企業の参入に負けてしまう。米作一つをとっても、事業経営の感覚が問われている。ブランドをつける、配給ネットを新設する、新種を開発する、消費者ではなくお客様だと考えて接する……経営を戦略的にとらえると、改良・改善すべき点が多い。

果たして、作るべきものは米なのか、花なのか、果物なのか、野菜なのか、樹木なのか、動物なのか、さらに、高付加価値を生むために、種苗なのか、完成品なのか、施設や機械を売るべきか……戦略とは、方向性を決定することである。儲《もう》かる方向性、つまり、高い付加価値を得る方向性が、農業分野にはたくさん存在している。


日本人が主食にしている米は、過去二〇年前、三〇年前と比べて、美味《おい》しくなった。農業は、いろいろな面で努力するようになったと思う。値段も、安いものから高いものまである。ブランドもつけ、売り方も多岐になってきた。

秋田米を生産する大潟村は、開拓村として有名である。あるとき、この大潟村のリーダーの方々が、五人、一〇人と、経営の勉強にやってこられた。こんなことは、過去に一度もなかったことだ。講師として農協や全共連に招かれても、農家が一般の企業と一緒に料金を支払って、真剣に経営の勉強することなどなかったからだ。

大潟村には、涌井徹さんという一人のリーダーがいたが、当時の農林省に減反を言い渡され、将来の方向性の決定に困られていた。減反とは、耕地面積を減らすことであるから、貧乏を選択することになる。政府が進めた開拓村に、自らが減反を命じるというのは、おかしなことであるが、政治とはそういうものである。

このリーダーは、農林省や農協が推すシステムを選ばなかった。方向性の決定は、自由米を選んだ。だから、自分たちで販売ネットを開拓し、売る以外になかったのである。

「あきたこまち」は、日本を代表する美人の小野小町が秋田出身であることから名づけられたブランドである。最初の相談を受けてから五年ほどたって、「東京や仙台で、あなた方の米を買ってくれる世帯数はどれほどになったか」と、尋ねたことがある。そのとき、七万世帯を超えたという返事があった。今では、二〇万世帯を超えているかもしれない。

ほとんどの日本人が米食である。米は、一日三回も食べると考えれば、繰り返し購入される頻度が約束され、事業として安定性の高い商品である。まず、最初の一粒をお客様に買っていただくことが大事であり、後はサービスがよく、美味しいという品質が落ちなければ、繰り返し購入される。そういう商品特性がある。

主食が家々に入れば、当然のように周辺商品が売れる。惣菜類、調味料など、コンビニやスーパーの棚に並んでいるものすべてが取扱商品となり得る。さらに、ホームセンター商品、デパート商品、海外通販商品を加えて買っていただくようにすれば、必ずいい方向に行くに違いない。

あきたこまちは、これからは、普通の、一般の事業と同じように、国内外のライバルと激しく戦っていかなければならなくなる。今、あきたこまちに競争力があるのは、美味しいし、ブランドを持ち、独自の販売網を確立しているからだ。信じて進むことである。お客様に好まれて繁栄しないものはないのだ。

農業に革命を起こすバイオ

北欧でバイオをやっている農業関連事業が、温室やビニールハウス農家向けに、天敵虫類の開発をやっている。実にユニークで面白い。

ビニールハウスでキュウリやナスを栽培すると、よくアブラムシが大量に発生する。この天敵は、小さな蜂《はち》である。アブラムシを餌《えさ》として生まれてきたのだ。農家は、この蜂のおかげで、農薬を散布しなくてすむ。

商品は、小さなウエハー状のものに蜂の黒い卵が一〇粒ほど乗っていて、透明のラップで包装されている。ラップを取り除いて、キュウリやナスの葉の上に置くと、不思議なことに、蜂の卵は一日で孵化《ふか》するのだ。

蜂は、餌であるアブラムシを食べて生きるが、ほぼ一年で完全に死んでいく。それは、この会社が持っている固有のバイオ技術で、一年しか生きられないようになっているからだ。だから、翌年、農家は蜂の卵をまた買うことになっている。


北海道の旭川に小城会計事務所がある。この旭川に「大雪塾」という社長が集う塾があって、その建物の名前を頼まれて書いた。それで縁ができたのだが、この寒い場所に変わった会社があることを知った。

旭川の飛行場へ行く途中、時間があったので、小城所長がホーブという会社に案内してくれた。社長は、高橋巌さんである。その頃は未公開だったが、今はジャスダックに上場している。社長に夢があったし、最初から期待が持てた。

変わっているというのは、日本で唯一のイチゴ専門のバイオ会社だからだ。自社工場内で独自の水耕栽培でイチゴを発芽させてから、畑で苗を育成し、それを冷凍保存してハウス栽培の農家に売る。イチゴは、ほとんどの洋菓子店で使う。千葉にイチゴ卸の会社を設け、首都圏の大市場を開拓している。傷みやすいイチゴは、農家で収穫した後、温度変化と振動を抑えた物流システムで管理し、輸送する。

一番の長所は、苗木をイチゴ農家で委託生産し、収穫したイチゴをすべて買い取って、大手から中小までの菓子メーカーに売るルートを持っていることだ。

農業は、食の種類が多く、収穫するまでに数多くのノウハウが必要である。中でも、美味しいとか、大きいとか、小さいとか、甘味や酸味をつけたり、長時間にわたって形が崩れないということに対する、単純な、極めつきの改良やバイオ技術が大事である。

また、販売や物流は、生産とまったく別だという偏狭な考え方が残っている。一般の企業では、生産と販売は一貫性があるのに、農業には、こういう考え方がない。戦前戦後を通して、長い間、配給制が残っていたり、農協システムが、販売や物流を支配していたことに起因する。イノベーションはこれからだと思うし、新しい繁盛が山積している分野である。

トマトも面白い。二〇年以上も前に、ある大学の農学部を訪ねたことがある。

それまでは、私にとってトマトは、単なる野菜だったが、急にイメージが変わったことを覚えている。トマトを水耕栽培で初めて有名にしたのは、多分、その大学だったように思う。一本の木に三〇〇〇個以上もの実がなっていたのだから、不気味だった。トマトの苗木が一メートルほどの高さに育ったときに、毎朝、苗木の頭を手で触って押さえるそうである。そうすると、生きている証拠に、トマトは上がつかえたと思い、横に枝を伸ばすというのである。動物的な苗木だと思って、ますます不気味になったことがある。

さらに、毎朝、苗木によって異なる音楽を聴かせるというのだ。その結果、ショパンはよく実をならせたし、ベートーベンは収穫が少なかったということを教えられた。

それ以来、トマトに向かって、「ごめんね、食べるぞ」と声を掛けることにしている。もちろん、大好物で、イタリア料理の乾燥トマトのオリーブ油漬けは最高である。

トマトケチャップやトマトジュースで有名なカゴメは、平成一〇年に、生食用トマト事業に参入した。ハイテク農園五カ所と一般農園三十数カ所で生産される「こくみトマト」は、年間七〇〇〇トンを超えている。

栽培法は、ロックウール養液栽培と名づけられている。四〇枝の多枝収穫で、年間に一〇カ月も収穫できるという。温度・湿度や、養液の頻度から、日射量をコンピュータで制御しているそうだ。

第一号の実験温室は、茨城県の美野里町にある。広さは、一・三ヘクタール。カゴメが建設し、有限会社美野里菜園にリースした。その後、次々に広島・高知・長野・千葉・福島・和歌山・福岡にハイテク菜園を稼働させている。生産量は、合わせて二万トンに達するが、それでも供給が追いつかないそうである。

トマトには、日射時間が大事で、現在は福島以南が適地になっている。また、妙なことに、お茶の産地には不向きだという。

取引は契約で、カゴメが示した品質規格、①外観（大きさ、色、つや）、②内容（食味）、③鮮度、④安全性……を満たしたものを、生産量の多少に関係なく、あらかじめ決めた価格で買い取る仕組みである。

トマトの生産委託には、運送業や縫製工場を営んでいる経営者が多いと聞く。これは、人を多く使うことに経験的に慣れていて、農業従事者の管理が上手だからだと思う。

採算を見てみると、一億円のトマトを収穫して、一〇〇〇万円の経常利益というバランスである。いよいよ、農業も工業化してきた。農家ではなく、企業である。

未来型事業の宝庫、農蓄産業

食肉に関していえば、日本は、戦前戦後を通して、長い間、発展途上国だと思われていた。肉を食べてきた歴史が西欧諸国と比べて、極端に短いからである。

そういう中にあって、ハムやソーセージの分野で世界一といわれている埼玉種畜牧場は、特筆すべき存在である。創業者の笹崎龍雄氏は、高校受験のときに、験《げん》を担いだ母親が、勝つためにトンカツを食べさせた。そのトンカツの美味しさに魅《み》せられて、以後、この道にはまった変わり種である。ひたすらこの道を選び、大学では獣医学部に入り、ついに、牛も豚も、美味しさは遺伝することに突き当たり、世界中から美味しい種豚を集めた。

東京郊外、埼玉県の日高という比較的のどかな場所で、念願の肉やハムやソーセージを売り始めた。始めたその日に、そこに買いに来た七、八人の主婦が、あまりの美味しさに、口々に友人を誘って、次の日には大挙して押しかけたという伝説が残っている。お客様が言うことは信じるに値するから、私も出かけて買ってみた。それは旨《うま》い。

やがて、西欧の食肉のコンクールに招かれて出品するや、金メダルを受賞すること一二〇個を超えている。今や、西欧と日本の立場が逆転して、この人の元には、数多くの外国の業者が教えを乞《こ》いにやってくる。

夢は、「牧畜のディズニーランドをつくりたい」ということで、日高の養豚牧場に温泉を掘り、レストランを建てた。そこに集まった人々に、無添加・無農薬の肉やハム・ソーセージを提供しているが、CATVやインターネット通販で売られている「サイボクハム」は、特に人気の高い商品である。味は、「世界一だ」と、肉食の外国人が言っている。

農畜産物・園芸、バイオなどの分野は、トレーサビリティ、流通ネット、新種開発、商品開発、コスト、冷凍・冷蔵などの保管技術、運送技術などに企業経営のセンスがあれば、素晴らしい未来型事業となる。

漁業のイメージを変える新技術

漁業においても新事業が次々に生まれている。漁業は、すでに放し飼いや養殖の時代に入っている。

囲って育てる漁業もあるが、海洋牧場のように、放し飼いで育成する漁業も増え、流れを二分している。

鮭《さけ》は、生まれ故郷の川に遡上《そじょう》する。その習性を利用して捕らえ、卵を取り出し、人工孵化させた稚魚を再び川に放す。川を下って海で育った鮭は、四年で成魚となり、一万数千キロメートルの長旅をして、河口付近に戻ってくる。これを、一網打尽で捕らえる。一種の海洋牧場のようなものである。

これらの技術は南半球にも移転され、鮭の海洋牧場は、地球全体に広がりつつある。好・不漁に一喜一憂する自然任せの漁業は徐々に減っていく。

私は、練り物が大好物だが、特に魚の練り物には目がない。佐賀の田舎《いなか》に帰ると、鰯《いわし》の竹輪がある。姉は、大好物だと知っているから、今でも、大量に出してくれる。私には他に何もいらないほど美味しい。

昨今、私が食べた練り物のランキング一位は、「長崎清水」の竹籠《たけかご》に入った薩摩揚げのセットである。赤くて、薄く仕上げた長方形の薩摩揚げなどは、最高の美味しさで、ワインによく合う。しかも、薩摩揚げの形がシャレている。デザインされているのだ。「薩摩の名物を長崎に奪われたんじゃ、絵にならないし、情けない」と、鹿児島の海産物をやっている社長に文句を言ったことがある。

実は、薩摩揚げは、ネームバリューは博多の明太子よりもあるのに、日本全体に出回っていない。全国各地に練り物があるが、蒲鉾《かまぼこ》も、竹輪も、まだ未成熟である。山口・広島・小田原・仙台……他にも産地はたくさん存在している。しかし、どこの商品も、全国ブランドになっていない。これからチャレンジすると面白い領域である。

視点として、日本全域にスーパーマーケットがあり、食品スーパーも多く、販売ネットはすでに完備している。また、中国にも、販売ネットが構築されつつあるので、魅力的である。専門業者や先輩業者の中には、研究すべきメーカーも、ベンダーも多い。

商品さえよければ、これからでも十分に追いつける。

画期的な鮪の海洋牧場

鮪《まぐろ》の養殖が、世界的に盛んになった。

日本では、近畿大学が先駆となって、鮪の養殖が普及するようになった。今では、外洋である奄美《あまみ》大島が核となって養殖が行われ、成功している。

養殖の鮪の食感は、天然ものと比較しても遜色《そんしょく》がない。霜降り具合は、天然の鮪よりバランスがとれているとまで、市場の鮪専門家に言われている。「脂が乗る」という表現があるが、まさにそのとおりで、味は大変いい。日本人は、この脂肪身の多い部分をトロと称し、高いお金を払って、刺身や寿司にして食べるが、ヨーロッパ人の多くは脂肪の少ない赤身の部分を好むという。

鮪の養殖技術は、太平洋、大西洋、地中海の沿岸にも移転されている。南半球のオーストラリアやニュージーランドで捕れる鮪は、尾が黄色い「ミナミマグロ」、北半球の鮪は、少し黒ずんでいるので「クロマグロ」とか「ホンマグロ」と呼ばれている。

養殖は、オーストラリア、ニュージーランド、イタリア、スペインが盛んである。これから、さらに広域になり、健康食として、牛肉や豚肉以上に愛されるようになる有望な分野である。

鮪の養殖は、「よこわ」と呼ぶ稚魚を捕って、生け簀《す》に放魚する。一キログラムとか、二キログラムの稚魚が、わずか五年ほどの養殖で、一〇〇キログラムを超えるほど巨大に育つ。

餌は、鯖《さば》や鯵《あじ》が主であるが、その他に、「ウインナー方式」と呼ぶ小魚の練り身をウインナーソーセージ状にしたものを与える。また、成長を促すために、栄養分を補給するサプリメントを与えたりする。

鮪の養殖場の網は非常に大きく、一辺が一キロメートルとか、二キロメートルにも及ぶ。巨大なプール状のものもある。

鮪という魚は、大きい。しかも、回遊魚であるから、絶えず泳ぎ回っていないと死滅してしまう習性がある。だから、ときどき、幾艘《そう》もの船で曳航《えいこう》し、広くて海流がある場所に持って行ったり、成長に合わせて別の網に移したりする。

海水を清浄に保ち、病気に罹《かか》ることを防ぐためにも、巨大な網で移動式の生け簀を作る必要があるのだ。漁獲のときは、その網を絞るわけだ。

これから、鮪に代表されるさまざまな海洋牧場や、養殖事業や、その流通業が繁盛するようになる。

海底に眠る未知の資源に注目する

宇宙開発に、資金を投下することが流行っているが、海洋・海底開発は、この地球上のことなので、もっと効率よく行われるはずだ。実用化がすぐそこまで来ている。

佐賀大学の学長をやられた上原春男氏は、海洋の表面と海底の温度差を利用して発電する海洋温度差発電を研究し、実際にアジアの海洋国で実用化へ向けて開発が進んでいる。石油資源の高騰が進んでいる中で、石油も、天然ガスも、海洋の大陸棚で盛んに開発が行われている。中国は日本海へ進出して天然ガスを試掘し、イギリスは北海の石油で経済を立て直した。海底では、至るところでメタンハイドレートが発見され、次世代のエネルギー源だといわれている。

地球の約七〇パーセントは、海洋である。北半球では約六〇パーセント、南半球では約八〇パーセントが海である。数々の資源が眠っている。

水産物については、食べ物を主として書いたが、海藻やプランクトンや深海生物の中には、薬物資源として期待されるものも多い。その他、鉱物資源、燃料資源、水資源など、この地球上のものなので、開発が進めば、激しい競争となることは間違いない。海は、広大な未知の領域だけに、ほんの一部が利用されているに過ぎない。

「毒をもって毒を制す」と言うが、毒は匙《さじ》加減一つで薬になる。陸よりはるかに広い海には、薬になる毒を持った生物が数多く棲《す》みついている。薬物資源が豊富なのだ。

モルヒネの一〇〇〇倍も強力で、中毒性も副作用もない鎮痛剤が、イモ貝の毒の中に含まれている蛋白質《たんぱくしつ》から抽出された。もうすぐ、薬として発売されるところまで来ている。アイルランドの専門家によると、イモ貝から抽出した鎮痛成分「ジコノチド」こそ、「海の医薬品」の先駆けである。これから、何十年かの間に、頭痛から癌《がん》にまで効く新しい万能薬が出てくるかもしれない。

海は未開の宝庫である。毎週三種の新しい生物が見つかっており、これから一〇年程度で、五〇〇〇種を超す新種が見つかる可能性がある。

イモ貝から生まれた鎮痛剤の他にも、ホヤから得られる抗癌剤エクチナサイジンなど、海洋由来の医薬品が一〇種類以上あって、臨床試験中である。

この夏、私も見学したが、ハワイ島のコナから車で四〇～五〇分走ると、深層水でアワビを養殖している会社がある。深層水は、温度が低いので海底に沈んで大潮流となって回っている。ハワイ島では、この深層水をくみ上げて、養殖に使っている。アワビは通常より数倍早く育ち、質が高い。すでに出荷されて、日本にも輸出されている。

イスラエルの南東部で海抜マイナス四〇〇メートルに位置する死海は、塩の濃度が高いので、人体が浮くことで知られている。また、天然のミネラルが古来堆積《たいせき》し、ミネラルの宝庫としても有名だ。

死海の食塩は、人体に最も適するといわれている。ナトリウム含有量は四九パーセントで、一般の食塩の半分なので、減塩するのが楽である。また、体内の余分なナトリウムを排泄《はいせつ》するカリウムが四八パーセントも含まれているので、健康維持に役立つ。

友人の山中英郎氏は、「トラスアンドカンパニー」という社名で、死海の元塩をイスラエルから直接輸入している。商品名は「塩の海」で、高血圧や腎臓《じんぞう》疾患の方々の特別用途食品として厚生労働省の許可を得ている。

食用以外に、エステ用にも使われている。各種ミネラルを豊富に含み、それらの微細な粒子が触媒としての機能を果たし、細胞や血管の代謝を促進するからだ。死海の塩は、健康と美容のための貴重品として人気が高い。

牡蠣《かき》は、「海のミルク」「海の玄米」といわれ、栄養価も、味覚も全世界で称賛されている。この牡蠣は、人体の活力源といえるグリコーゲンを多量に含んでいるうえに、蛋白質も良質で、三〇種ものアミノ酸から形成されている。

海には、数々の栄養源、活力源になる有効成分を持つ生き物が多いが、人類は、その入り口を探しているに過ぎない。

海の鉱物資源で、現在、商業的な採算ベースに乗って採掘されているものに、モナザイトや錫《すず》、石油や天然ガスなどの化石燃料がある。これらは、比較的に浅海に分布しているので、採算に乗りやすいのだ。

しかし、もっと多くの潜在的な鉱物資源が、一〇〇〇メートルを超える深海に眠っている。特に、多金属団塊ともいわれている「マンガン団塊」、板状の「マンガンクラスト」、さらに塊状の「熱水硫化物」が、日本の南方海域で確認されている。ハワイの南東方の四〇〇〇メートルから六〇〇〇メートルの深海にも、銅・ニッケルを多く含んだ団塊が分布している。

マンガンクラストには、特にコバルトが多く含まれているし、熱水鉱床には、金・銀・銅・亜鉛・鉄・鉛などの塊状硫化物が存在している。陸上でも、これらは温泉や火山の西側に多く存在しているが、海でも同様である。

採掘には採算が大事である。採算に乗せるには、資源の量が陸上と競争できるほど豊かなこと、分布が比較的陸に近くて集中していること、効率のいい採掘技術が開発されていること……などが重要である。また、採算に乗っても、環境保全ができなければ何にもならない。

海洋開発は、宇宙よりはるかに近いこの地球上のことだけに、魅力ある分野である。国家プロジェクトを待たずに、民間の力で採掘していくべきときが来ている。

住宅、建設、不動産業の変貌

進化し続ける住宅産業の時流に乗る

住宅や不動産業は、他の産業と比べて、最も遅れてやってきた産業である。

人間は、食べないと死んでしまうので、戦後、一番早くやってきた産業は、食に纏《まつ》わる産業であった。主食系統が初めに興り、やがておかずである惣菜に移っていく。さらに、惣菜そのものが、主食のように売れるようになる。

食の次には、衣が来た。暑さ寒さをしのぐためにあった衣類にも、見栄えや機能性が問われるようになり、やがて、ファッションが衣の選択眼になった。衣は、素材も、色も、形も、機能性も、老若男女を問わず進化に進化を重ねている。

食から衣へ、そして三種の神器といわれた3Cへ、繁盛のコンセプトは移ってきた。3Cとは、カー、カラーテレビ、クーラーである。この三つの神器が、戦後の経済成長を支えた主役であった。テレビは、今や液晶やプラズマなどで超薄型軽量化されて、車や携帯電話にまで使用され、用途が多様化した。

自動車も、燃料としてガソリン以外に電気や水素などを使用し、ハイブリッド化が進んでいる。自動車のボディも、鉄が主流の時代は終わったように思う。すでに、アルミボディ車に私も乗っているし、強くて軽いFRPボディなどが盛んに用いられるようになった。

クーラーも、各家庭に普及するようになった。しかし、夏場にヒートアイランド現象が起こり、昨今、欠点が指摘されている。自然の冷房に近い輻射《ふくしゃ》熱交換が、注目を浴びるようになってきた。

そして、最後に遅れてやってきたのが、住宅である。おそらく最も値段が高く、一生に一度の買い物であるからだ。住宅業界は、変貌が著しい分野であり、また楽しみな分野である。

住宅は、基本的には地域産業である。北海道の大工が、九州で家を建てることは、ほとんどない。だから、既製品の住宅を造って、北海道でも、九州でも売るという視点が出てくる。これが販売ネットである。

こういう視点から、三沢千代治さんは、自動車の販売網とまったく同じように、一種のFC（フランチャイズチェーン）網として、木質型プレハブの会社「ミサワホーム」を立ち上げた。先覚者である。

他にも、大和ハウスの石橋信夫さんが鉄骨系のプレハブを造り、田鍋健さんが「積水ハウス」を立ち上げた。

住宅産業は、地域産業であるが、工場生産したものを流通ネットに乗せることで、地域産業の壁を乗り越えたのである。これから、世界規模になるか否かは、各国の生活習慣や、気候風土や、宗教や、文化というものの研究に懸かっている。

ただ、よいものはよいといわれるように、基本的な成功の枠組みは、日本という先進国市場で十分に実験可能である。日本製品は、全世界の憧《あこが》れであり、家という商品も、努力次第で世界規模になると信じている。有望な成長産業である。

安定とは「繰り返し買ってもらうシステム」

住宅業界には、土地を大規模に開発するデベロッパー業から、建て売り住宅業、マンション分譲業、注文住宅業、売り立て住宅業、リフォーム業、アパートやマンションの賃貸業、ビルや店舗の賃貸業、仲介斡旋《あっせん》業、流通管理業、老人ホーム経営業、造園業、家具インテリア業、防犯施設やソーラー施設の販売業、水道業、電気設備業……まで、さまざまな業態がある。

しかも、これらの業態は、数多くの職方を雇用したり、外注雇用で成り立っている。リフォーム一つをとっても、工事をする場所が一カ所ではなく、飛んでいる場合、職方によっては一時間程度の仕事をしただけで、次の場所へ移らざるを得ない手間仕事も多い。そういうときには、多能工化と称し、電気仕事も、設備仕事も、大工や左官仕事も、一人で数多くの仕事ができる職方の育成が、繁盛の大事な分かれ目になる。

このように、住宅・不動産業の多くは、単独では成り立っていない。互いに結び合って仕事をやっているケースがほとんどである。

住宅・不動産業は、不景気になると、元請けである親会社の業績が悪くなる。すると、子会社も孫会社も仕事が少なくなり、すべての段階で業績が悪くなってしまう。

そもそも、「安定とは何か」ということが、わかっていない節がある。したがって、安定を築くことに無頓着《むとんちゃく》な人が、経営している向きになる。夜も眠れない不安定な経営が多いのは、安定というものを知らないし、そういう努力をしないからである。

一般の企業の勉強を、真摯《しんし》にすべきである。安定とは、次のような状態を指す。

「自社で売っている商品やサービスが何であっても、それらを、同じお客様が、三年でも、五年でも、一〇年でも、果ては三〇年でも、五〇年でも、繰り返し買ってくれる状態を安定という」

このことは、一種の哲学であり、それ以外の安定はないのだ。それほど重要な視点であるが、それを実行する思想や戦略、戦術や目標がなければ、安定はしない。一時の栄華だけしか咲かない。

住宅は、二〇～三〇年も保《も》つ。だから、多くの住宅会社は、一人のお客様に家を売れば、以後、そのお客様には、二〇年も三〇年もの長い期間、原則として家を買ってもらえない。住宅・不動産業のこの基本的な体質を理解していない社長は多い。

事実、売っている家が、建て売りであっても、注文住宅であっても、マンションであっても、中古やリフォームであっても、果ては土地そのものであっても、すべて同じである。心の不安定さと、会社の業績の不安定さがついて回る。

住宅業、マンション業、不動産業のほとんどの社長たちは、年度ごとに懸命の努力をして商品を売り尽くそうとする。しかし、完売すればするほど、一人のお客様も残っていないことになってしまう。したがって、次の年も、次の年も、別の新規顧客を開拓して売らなければ、事業として成り立たなくなる。

考えてみれば、ヤクルトの商品の値段は、一本五〇円もしないほど安いのに、プロ野球チームまで持っている。

ヤクルトは、店頭販売は少ない。「今日は天気がいいので喉《のど》が渇いた。今日は雨だから何も飲みたくない」と、天候に左右される人が多いので、店頭で売れば売り上げが不安定になるというのがその理由だ。

ヤクルトレディが、新聞と同じように、毎日、あるいは週ごとに配達してくれる。私の自宅でもとっているが、飲んでも、飲まなくても、出張が多くて家にいなくても、宅配される。いつでも売れている状態を、人為的に戦略として採っている。安定性は、抜群だ。

ところが、住宅や不動産業は、そういう視点で経営していない会社が多い。

マンションや戸建ての分譲業者の大半が、不安定であるといわざるを得ない。数多い住宅・不動産業態の中で、安定性が高い業態は、賃貸ビル・賃貸マンション・賃貸アパート、および、それらを流通・管理し、仲介斡旋しているところだけである。

「それが安定性を築く基点になる」という業態を熟知して、誤らないことが大事である。

我々が、経営をしている事業には、固定費が必要だ。まず、社員の給料も、家賃も、光熱費も、毎月発生する固定費である。毎月ということが、安定性の基点である。

ヤクルトは、毎日毎日、家庭に配達されているが、集金の体制は、毎月である。それは、自社で支払うべき固定費のサイクルに合致させているからに他ならない。これが安定をつくっているのだ。

住宅・不動産業態の中で、こういう仕組みを持っているのは、賃貸分野であり、それを仲介斡旋したり、管理する分野である。

お客様をどれだけプールできるか

マンションや戸建ての分譲業者は、たとえ、売り上げが大きくとも、次のお客様のプールが一切ないのであるから、「繰り返し」がない。一方のヤクルトや、新聞などの、毎日、あるいは毎週の「繰り返し」の仕組みをとれる業種は、新規開拓をすればするほど、繰り返し購入されるお客様が増えていく。

業態的には、そういう態勢が、賃貸業や流通・管理・仲介斡旋業の中には存在する。

「エイブル」「ミニミニ」「賃貸住宅情報」「アパマン」など、幾冊もの情報誌が発行されているが、これらは全部、仲介斡旋業や流通管理業の「業態誌」、すなわち戦う武器である。

マンション、アパートなどの経営者を、オーナーと呼んでいる。電車の沿線には、このオーナーたちが経営しているマンション・アパートが乱立している。特に大都市には多く、新築のものには人気があって集まるが、旧態のものには入居者が集まらない。そこで、仲介斡旋業や流通管理業の方々が活躍する。入居者を集める力は、その手腕の差にかかっている。リフォームもやる。魅力ある部屋も造る。斡旋や流通管理のすべてを行う。

仲介斡旋料は、通常、家賃の五パーセントを上下している。毎月のことであるから、結構、安定性が高い。他にも、保証金や敷金をオーナーと配分する制度になっているから、収入は案外いいのだ。

リフォームするにも、現場が飛ばないで、一カ所でまとまって、幾部屋もやれるメリットがある。さらに、壁紙、台所、風呂場、トイレ……と、リフォームによって魅力を付加し、競合物件に勝つようにする。

一昨年ごろから、スターツは、フランチャイズ・ショップの「ピタットハウス」を展開し始めた。エイブルは、情報誌を発刊しながら、自社で流通管理業を展開し始めた。アパマンも、ミニミニも、同じ傾向である。

これからは、こういう流通管理業のネットワーク化が進む。

理由は簡単で、流通業で抱えている部屋に入居している人たちが、大きなマーケットになるからである。たとえば、賃貸のマンションに暮らしている人たちは、もし支払額が同じならば、ほぼ全員が分譲マンションを買って、入居したいと思っている人たちばかりである。時には、戸建てを所有したいと考えている。さらには、賃貸のアパートやマンションそのものを、所有したいと思っている場合もある。

つまり、ほとんど全員が、買う意志を持っているお客様なのだ。ところが、これまでの仲介斡旋や流通業の経営者は、マンションや戸建ての分譲に進出するという冒険をしなかった。これからは、一万部屋を管理していたり、五万部屋を管理していたり、一〇万部屋を管理していたりすれば、その部屋を借りている入居者が、次々とマンションや戸建てのお客様となる。

今、マンションや戸建てを分譲している業者は、次のお客様をプールしていない。チラシ広告を撒《ま》き、豪華なカタログを作成し、販売業者に依頼して莫大《ばくだい》な費用を使っているが、その前に、自分たちがお客様を数多くプールすることを、戦略課題として自覚しなければならない。プールしたお客様に向かって、デザインされた住みよい住宅やマンションを建て、「回覧板」を回すだけで、売っていく時代が来ている。今までの家賃と同じ支払額であれば、新築を買う人たちは多いはずである。

新しい儲けの種「リノベーション」

東京の山手線の内側では、広い空き地はほとんどないといっていい。宅地で五〇〇坪以上の空き地を探すことは、至難の業だ。

しかし、数多く建っている中古のペンシルビルには、会社も、人も入居していない。空き室だらけであるから、新しく改造すれば、賃貸ビルにも、マンションにも使える。家賃の下がった中小ビルをマンションに改造すれば、広さもとれるし、格好もよくなる。何よりも、利回りがとてもよくなり、新築マンションより稼げる物件がほとんどである。試算をしてみると、すぐわかる。

雑居ビルや、ペンシルビルを、それぞれ事情によって、壊すべきか残すべきか検討し、残した物件を再生する新ビジネス「リノベーション」が盛んである。

家具を扱っているイデーは、「アールプロジェクト」を立ち上げ、ビルの価値再生ビジネスをやり始めた。プロジェクトリーダーは、武藤弥さんである。

ビルのリノベーションの中には、東京の世田谷にある池尻中学校を改造して、「世田谷ものづくり学校」に仕立てたプロジェクトもある。学校は、かつて、子供が通っていたが、今では、大人が通って物作りをし、アートを楽しみ、商売もしている。廃校が、アトリエやオフィスや店舗に変身したわけだ。

入居者の募集も、従来型とは大いに異なっている。ネットやイベント・口コミ・ニュースレター・パブリシティが募集の中心である。

たとえば、国会議事堂のすぐ側《そば》にある秀和のＴＢＲビルには、たくさんの国会議員の事務所が入っている。ビルを小さく区切って賃貸にしているが、幾人もの友人がここにいる。

この形式と同様なビルが、埼玉にできた。新都心とか、副都心と呼ばれ、新しくさいたま市ができてから、急に大きなビルが林立するようになった。この地で、武蔵野総業の太田昇さんは、都心のＴＢＲビルと同じように、大きなビルのワンフロアを借り、そこを小さく区切って、ビルの部屋貸しをしている。ビルのオーナーは官庁だったり、第三セクターだったり、民間だったり、さまざまである。

不況時には、ビルの空き室が多く、部屋が完璧《かんぺき》に埋まるまでには、大変な時間がかかり、オーナーにとって、頭痛の種だった。そこに、太田さんが登場したわけである。借り手は、首都圏に進出したい人、独立開業の希望を持った人など、意図が積極的で明確な人が多い。

太田さんは、そのチャンスを提供するわけである。つまり、意欲的な人たちに、成功の足がかりをつくってあげる。

また、独立開業目的の個人や零細な会社に対しては、秘書や固定費のかかるスタッフを、太田さんが教育して、共同で使えるようにした。電話も、受付も、上手に応対してくれるようになっている。埼玉県や、さいたま市は、産業の振興に役立つので、太田さんに声援を惜しまなかった。オーナーも、借り手も、管理している太田さんも、三者が満足し、繁盛している。

「住の洋風化」と「国際化」のとらえ方

この二、三年前から講演に参加されている人たちに、たびたび手を挙げてもらうことにしていることがある。時流の多様化について、具体的に知りたいからだ。

まず、自宅に木の風呂がある人が幾人いるかと思って聞いてみると、およそ一〇〇人いるうち、都市部では一人もいないことが多い。地方に行って聞いてみても、一〇〇人に一、三人程度しかいないのだ。そうなると、木の風呂は、商売として成り立たないことになる。

さらに、和風の家についてもと思い、雨戸と、その内側に縁側がある家に住んでいるかと尋ねてみると、都市部では、一人、二人が手を挙げられる。地方に行くと、五、六人である。家の洋風化は、ものすごい勢いで進んでいる。

結果として、和風の家は売りにくいと判断せざるを得ない。この他に、最近、和服を着て下駄を履いた人が幾人いるか聞いてみると、一〇〇人ほどの会場で、何度も挙手してもらったが、一〇人もいなかった。

生活習慣の洋風化は、誰も変えることができないほどのスピードである。ベッドで眠り、パンを食べ、バターやチーズを好み、ワインに親しみ、クラシック音楽やジャズを洗練された趣味だと感じている。

家の中の家具や置物も、多様になった。昔からの華道や茶道も残ってはいるが、どこか洋風でハイカラな感じとミックスしてきた。

純和風の家は、日本が温帯モンスーン気候で、高温多湿であることを教えてくれた。軒が長く、雨に耐えられるように造られている。

雨戸とは、よくいったものである。昔はどの家にも雨戸があり、家全体が囲われていて、雨露を防いでくれた。その内側に縁側があって、さらにその内側には、腰高の敷居があって、その上に障子が立っていた。障子は腰板があって、腰板の上に格子状の桟があり、そこに紙が張ってあった。

いわば、日本の建具も家も、紙と木の文化の象徴であった。アルミサッシができて室内が大変貌し、瓦《かわら》屋根ができ、洋風鉄筋のコンクリート住宅が建てられて、家そのものが一変した。台風の多い沖縄によく見られる、沖縄瓦屋根の上にシーサーが載せられていた昔の風情が懐かしいものだ。変わってしまった。

当然、機能性や性能が変われば、美についても変わる。西洋風のものを美だと思う日本人が増えた。日本の美は捨てられてはいないし、よりいっそう贅沢《ぜいたく》なものになって残ってはいるが、よいけれども効率が悪いといわれるようになった。

デザインという言葉が多く使われるようになり、耐震、ステイタス、コスト、広さが求められてきた。日本人は、これまで江戸時代から使ってきた尺モジュールの家や建具や装飾を捨て、メーターやセンチのモジュールにしていくに違いない。それを国際規格と称し、全世界が同じような規格の方向へ移っていく。これが趨勢《すうせい》である。

日本が、木や紙の文化から、石やコンクリートや鉄の文化に染まっていく日、限りなく洋風に同化されていく日が、近づいていることを忘れてはならない。

家そのものが変化し、生活習慣の洋風化も急ぎ足でやってきている。また、住宅の場所や位置している環境の変化も盛んである。きれい、住みやすい、広い、近い、安い、安全、自然、ＩＴ対応、買い物、病院、学校、通勤など、要求が多様で、今は妥協しないようになった。

アメリカ西海岸のニューポートビーチや、モントレー半島のカーメルや、ミッションビアホーの美しい住宅地は、一見に値する。住の洋風化は確実であるだけに、早めに見ておきたいものだ。緑と街全体の設計、住宅や庭園、塀やドアや扉やフェンスや金具の美しさを学んで欲しい。決して軽量のアルミを多用していない。昔ながらの叩《たた》き出した鉄や真《しん》鍮《ちゅう》の新しさがある。

南フランスのプロバンス地方、ドイツのロマンチック街道沿い、スイスの山岳リゾート地も美しい。特に、こういう街には、ビジネス街では得られない憩いの空間がある。

南フランスのコートダジュールも、東のモナコやニースから西のモンペリエまでは、古くから海岸リゾート地として栄えた。しかし、近年になって、リゾート地で遊ぶことが一般化し、場所が不足するようになった。そこで、計画的にリゾートの街がつくられている。モンペリエから、さらに西へ行ったスペインのバルセロナまで、リゾート地がある。

地中海の沿岸に、グランドモットとキャブダクトというリゾート地がある。二つとも、まったくコンセプトが異なった手による建築だから、見学するのも楽しい。キャブダクトは、円形だけで建物と道路が造られている。一方、グランドモットは、ピラミッドや古代アステカ文明をモチーフに、すべての建物が三角形で統一された街である。美しい。洋風化が進み、住宅も、リゾートも、高層マンションも、美や環境や住みやすさや、ステイタスまで検討されるようになった。これから、ますます、その傾向が強くなる。

指導先の住宅会社では、日本中の、わが国を代表する和風住宅を写真に撮って、アルバムを五〇〇冊も作った。今でも、次々に新しい和風住宅の写真を追加している。

同じように、世界中の美しい洋風住宅を一〇〇〇冊もアルバムにしている。洋風化が進んでいるが、経営者にも、営業マンにも、現場で住宅を造っている大工さんにまでも、そういう現実を実際に知ってもらうためである。もちろん、ビデオやDVDでも撮って、勉強してもらう。

さらに、そういう写真アルバムやDVD動画は、お客様に見てもらえば、販売促進としてものすごく役立つ。

ライバルが、まだ見積書を提出している段階で、お客様に、「どんなお家《うち》に住みたいですか。アルバムやDVDを見て、教えてください」と言う。たったそれだけで、すでに勝負がついてしまう。美しい住宅や間取りが、目の前にたくさん並べられて、ご主人の心も、奥様の心も、すぐに決まってしまうからである。

家が建つと、オープンハウスとして見学会やお披露目をやる。そういうイベント時にも、写真やＤＶＤは大活躍をする。住宅の営業の差別化は、それほど難しくはない。全体が遅れているだけだ。

私ごとだが、一昨年から、一戸建ての別荘をやめて、マンション別荘に切り替えた。井出共治さんという一級建築士の親友がいるが、この人は、マンションやビルの緑化で有名だ。湯河原に、その井出ちゃんが設計した別荘が建ったとき、親友だから一番に買った。

私の部屋は五階建ての二階にある。一階にロビーと車庫がレイアウトされている。ロビーの上は四戸の住居で、車庫の上は人工地盤で土が盛られ、そこが二階の庭になっている。孟宗竹《もうそうちく》の庭園で、毎年筍《たけのこ》が芽を出して、竹林はいっそう茂った。部屋から眺めると、とても二階とは思えない居心地であるし、快適だ。

別荘の前面には、千歳川が流れていて、鮎《あゆ》が釣れる。春には、一〇〇本ばかりの吉野桜に花が咲き、川岸では湯河原市が桜祭りを催してくれる。長い提灯《ちょうちん》の列に灯《ひ》が入ると、人通りが、どこからか急に湧《わ》いたように増えた。

ビルの緑化、マンションの緑化、グリーン、自然、植栽、無農薬、環境エコロジーは、美しい地球でありたいと願う人々の心の楽園をつくることだ。それには、企画力や、改良や、技術革新が必要である。強く必要とされる環境を提供することが、繁栄を生むような時代になってきた。要望や用途は無限にある。

飲食業の変貌

「第一次商圏の戦略」と「第二次商圏の戦略」を熟知する

多店舗化が可能な商売と、不可能な商売がある。これは、飲食業をやるにあたって欠かせない大事な視点である。これを知らないで、大失敗を起こす社長は大勢いる。

まず、商圏には、第一次商圏と、第二次商圏、第三次商圏とがある。

第一次商圏というのは、展開する店の最寄りにお客様がいる範囲を指している。

たとえば、ガソリンスタンドへガソリンを入れに行くお客様は、家や会社から半径約五〇〇メートルから二キロメートル以内が標準である。それが、八割のお客様の行動範囲であり、残りは通り客である。だから、スタンドを経営している社長は、二キロメートル以内のお客様を大事にしなければ、繁盛店を築けないことになっている。

同時に、二キロメートル離れたところには、別のお客様がいるという考え方を持ち、半径二キロメートルの円周を次々に置いて、多店舗展開を計るべきである。原則的には、セルフ方式でガソリンを売っていても、同じ視点が大事である。

第一次商圏では、最初に、わずか一軒の大繁盛店をつくることに専念する。

これができないと、以後、失敗することになる。そのたった一軒の成功ノウハウを一〇軒に及ぼせば、売り上げは一〇倍になり、一〇〇店にすれば一〇〇倍になる。多店舗化戦略のスタートである。

看板も、メニューの構成も、客層も、値段も、宣伝も、誘客も、店長や社員の教育も、すべて成功ノウハウに従い、脱線を許さない。画一的で、マニュアルどおりに実行してもらう。自由度は少なく、経費も、売り上げも、利益も、すべてフォームを作って、コンピュータで管理をする。

ガソリンスタンドでも、レンタルビデオ店でも、塾でも、レストランでも、菓子店でも、出店すべき人口密集地をあらかじめ知っておくために、半径二キロメートルとか、三キロメートルのメッシュを、日本地図に被せる。そうすると、日本全体に、二五〇〇もの人口密集地が存在することがわかる。原則は、この地に店を構えると繁盛する。人口の少ないところでは、店は繁盛しない。

もし、二五〇〇店を超えて、三〇〇〇とか、四〇〇〇店をつくれば、つくりすぎであり、危ない店が出てくる。懸命な営業努力が必要になる。

レストランの場合でも、スイーツの店をつくる場合でも、まず、多店舗化こそ繁栄の第一条件である。

そして、二五〇〇ポイントを超えて店をつくる場合には、その一つひとつの拠点で、地域密着、お客様第一を貫くことが、第二の条件である。第一、第二の条件を満足させても、基本的には、赤字店を覚悟したり、店頭販売以外の訪問販売や、通信販売や、インターネット販売などを複合化して売り上げを伸ばすことをすすめておきたい。

第一次商圏には、多くの競争相手が参入してくる。一店一店が、周辺のお客様に強く必要とされるように、サービスをし、綺麗《きれい》にし、環境を整える。しかも、レストランは他よりも「美味しい」を追求していないと、絶対に繁盛しない。「美味しい」は、食の哲学である。

次に、第二次商圏について述べておきたい。

第二次商圏とは、店の周辺にお客様がいないことを指している。お客様は、遠方におられる。

京都の老舗《しにせ》「平八茶屋」でも、葉山の老舗「日影茶屋」でも、お一人様二万円を超える夕食を、毎日食べに来るようなお客様が、ご近所に大勢いるわけではない。

店は、毎日、混んでいることが、繁盛の条件である。そうなると、新しいメニューを考案し、四季や月替わりでお客様に案内する。常時、イベントのご案内が必要である。

遠くにいらっしゃるお客様に、心をこめて通信で案内する。そのとき、挨拶《あいさつ》状や予約の返信用ハガキ、店主の名刺など、一工夫したものを同封することが効果的である。昨今では、コンピュータ処理が多く、情を伝えていない通信が多いだけに、手書き、手作り、親近感というイメージが、開封率を高めている。

このように、第二次商圏のお客様は、広域にまたがる。そうなると、多店舗化しないことが大事である。むしろ、老舗の本店は、宣伝や広告を担当するような、ネームバリュー強化の役目に徹し、別に第一次商圏の業態を企画し、そちらで多店舗化して欲しい。

第三次商圏とは、さらに希少価値を売る経営である。商圏は日本全体とか、アジア全体とか、世界中とか、広域である。ディズニーなどが典型である。これについては、ここでは述べない。

食の多様化と事業化のチャンス

年々、食の多様化が進んでいる。スーパーの食材を見ても、家庭での食事でも、和食とは限らなくなった。

街中やロードサイドでも、和食では、懐石に始まって、寿司、家庭料理、うなぎ、焼き鳥、おでん、うどん、赤提灯、お好み焼き……と、多様になった。

中華も、中国の各都市の名をつけた正統なコース料理から、台湾小皿料理、餃子《ぎょうざ》やラーメン店まであって、多店舗化している。その一方で、第一次商圏の餃子やラーメンでありながら、フード・テーマパークを構え、第二次商圏のお客様を大量に集め、繁盛しているところもある。日本では、中華を好む人口が多い。要は、売り方次第である。

フレンチの店も多いが、堅苦しい。手軽で美味しいとか、特色があるのは、フランスの田舎料理を食べさせてくれる「オーベルジュ」である。

箱根へ女房や多くの社長たちと一緒に行って喜ばれたのが、オーベルジュの「オーミラード」である。ここは美味しい。

先頃も、昼食に行って、メインを肉料理にするか、川魚料理にするかという選択になった。日本人だから、ほとんどの人が、淡水魚と聞いただけで、眉《まゆ》をひそめた。私たちは女房と二人だったので別々に注文し、「半分っこ」して食べてみた。肉よりも魚のほうが、数段、旨かったのだ。それは、紅鱒《べにます》の身をほぐして、皮をこんがり焼いたもので、帯状に包んであったが、絶品だった。この店は、箱根でイチオシの店である。

その他の洋食は、アメリカや西欧やオーストラリアのイメージで、ステーキやハンバーグの店が日本には多い。そのステーキを、イタリアンでやっている店がある。この店は、極め付きに旨いのだ。

店は、東京の神田小川町にある「花乃碗」という小さな店だ。目印はYMCAの跡地に最近できた高層の住友不動産神田ビルで、そのすぐ近くにある。奥様と一緒に行けば、必ず、感謝されること請け合いである。出されるもの、すべて旨い。予約なしでは、入れないほど盛況だ。

シェフは、ここの店主であるが、仕入れからもてなしまで、すべてを仕切っている。家族以外に、七人ほどの社員がいる。この店を見ていると、一生懸命で、全員がニコニコしていて感じがいい。しかも、料理が旨い。それらは、レストランの経営者が繁盛店をつくるときに、欠かせない要因である。

施設産業の変貌

「新しくて大きい」が一番のテーマ

施設産業のほとんどは、新しくて、大きいところが勝つ。したがって、ライバルがつくった新しくて大きい施設がテリトリーに進出してくれば、ピンチに陥りやすいし、中には、事業として成り立たなくなることも多い。

全国各地で、そういう状態をいくつも見てきた。長い間、その街のシンボルのように可《か》愛《わい》がられてきたホテルが、突然、大手の進出の影響で危なくなり、結婚式も、宴会も取れなくなった。

また、小さな八百屋から叩き上げて、やっと食品スーパーを築いたが、同じ街に全国展開をしている大手スーパーが店を開いた。品ぞろえも、店づくりも、時には値段さえもかなわない。お客様は、ドンドン一方に流れ、寂しい店になってしまった。「人情は紙のように薄い」と、その経営者が言っていた。

施設産業は、ほとんど固定投資であり、しかも先行投資であるから、大きな金が寝てしまう。建設資金の一部として頭金を蓄え、営業を開始したら、利益で必ず借金を返済できるようにシュミレーションしておかなければ、危ない会社になりやすい。

しかも、返済は税込利益を出し、税金を払い、配当や役員賞与を払い、そうして残った内部留保金のうち五割を資本に繰り入れ、残りの五割でやっと充当するわけだから、実に厳しい。返済計画は、通常の資金繰り以外に、長期資金運用計画や長期資金繰り計画を、克明に描かなければならない。

施設や設備が古かったり、小さかったりしている会社は、たとえ、今、流行っていても、また、大儲けしていても、贅沢をせず、華美に溺《おぼ》れず、兜《かぶと》の緒を固く締めて、地図を広げ、新しい施設の計画を立て、模型を作り、備えなければ、後で悩むことになる。無学祖元が「莫《ばく》煩悩」（煩悩することなかれ）と、北条時宗に対して言っているが、時宗は、この一言で、元《げん》の攻撃に備えて博多湾に防塁を築き、凌《しの》いだのである。

ある古いホテルで、これから五〇年後とか、一〇〇年後を見越して、今現在、考えられる理想的なテンプレート模型を作ってもらった。

そのホテルは、戦後できたホテルで、敷地の広さに甘え、建物も風呂場も、宴会場も、継ぎ足し、継ぎ足しの改築で凌いできた。非効率でもあり、第一、見栄えが非常に悪い。

そこで、社長は、一〇〇年先まで予測して、何もかも先取りした設計を、若くてセンスのよい建築士二人に依頼してみた。二人による一種のコンペである。それによって、一人を選んだ。その基本コンセプトは、まずグランドデザインを描き、それを年代ごとに幾つかに区切って、「建物のこの部分は、今すぐ新築するが、しかし、この部分は、息子さんやお孫さんの代に造ればいい」という、一〇〇年の計を順番に構想したもので、この案に決定した。

資金も、一度に支払えない。長く美観も維持したい。新しい設備機器も、そのときどきに入れ替えたい……そういう願いが伝えられている。

設備機器の老朽化は、必ず起こる。そうすると、設備投資の優先順を心得ておくのが大切だ。大から小まで、二〇〇以上もある項目で、たとえば、エアコンなどは客室優先で、しかも部屋順まで指定する。調理場のエアコンは、客室の払い下げが順番である。

畳でも、テーブルでも、襖《ふすま》や障子でも、古くなっても取り替えのローテーションがないホテルがある。お客様は、そんな状態のところへは行かない。また、美に対する感覚が悪いと、人が集まらない。

美は、たった一歩を間違えただけで、どんなに金をかけても、安っぽい、昔の銭湯や、彫刻を屋根に載せたラブホテルのようになってしまう。深さや、上品さや、奥床しさや、時には、荒々しさや、素朴さや、細さや太さ、強弱が必要である。美は、言葉では言い表すことが難しい。

施設産業の多くは、一度建てたら、それを簡単に移し替えることができない。ところが、町も国も、道路を次々に新しく、広く、便利にする。

幼い頃に広いと感じたり、高いと感じていた道路や建物が、大人になると、いやに狭かったり、低かったりする。「こんなに狭かったんだ」とか「低かったんだ」と思い、「車も通れない」などと感想を言おうものなら、寄ってたかって会議を開き、不便さや狭さを説き、あっという間に造り替えてしまう。

昔の懐かしい名前がなくなった町も多いし、通りが直線になってしまった場所もある。特に、駅前の変貌は著しく、昔の面影がまったく残っていないところさえある。

施設産業は、こういう改革や大変化の影響を最も受ける。不安があるなら、一喜一憂する前に、必ず、県庁や市役所や町役場へ行くべきである。駅前の再開発計画、新しい道路計画、住宅や商業地・工業団地などの大規模開発計画は、今はオープンになって、広報窓口などで親切に教えてくれる。

最低でも一年に一度は、施設産業を営む社長は、官庁に行って計画資料を閲覧したり、説明を受けて欲しい。新しい、よい立地が見つかったり、アイデアがひらめくものだ。

施設産業は海外を学んで先見する

施設産業の多くは、日本で生まれていない。日本人は貧乏であったから、働くことに意義を見つけ、遊ぶことや人生を楽しむことが少なかったように思う。

リゾートホテルも、テーマパークも、スポーツセンターも、オペラハウスも、美術館も、ゲームセンターも、ショッピングモールも、テニスコートも、ゴルフ場も、野球場やサッカー場も、カルチャーセンターも、スパやフィットネス・クラブも……人生を楽しむ数多くの施設が、海外で生まれている。近年になって、これらが日本に大挙して押し寄せているが、日本が豊かになった証《あかし》である。

前項で書いたように、時の流れは、食から衣へ、そして3C、住が来て、その次には、人生を楽しむ時代が確実にやってくる。そして、人生を楽しむ事業の多くは、ソフトが先行して入り、次にハードや施設が入ってくるに違いない。

多くの施設産業が参考にすべき宝庫は、ヨーロッパやアメリカにある。その他の国には、わずかしか存在しない。

日本で生まれたものは、ごく少ない。ラブホテルや、パチンコホールや、ゲームセンターや、カラオケルームは、日本生まれである。これらは、主にアジアで普及している。最近では、メイドカフェが、ソウルやバンコクでブレイクしている。

もちろん、日本に古くからあったものが、近年になって洋風に変わった施設も多い。ビジネスホテルも昔は旅籠《はたご》としてあったし、美容院は髪結《かみゆ》い床と言っていた。病院だって養生所だったし、今では幼稚園や保育園と呼んでいるが、昔から託児所はあった。各種学校や教室も、昔から寺子屋や塾としてあった。

それらが形を変えてきたのは、主にハイカラの流行と、洋風なソフトへの羨望《せんぼう》のせいである。明治・大正・昭和・平成と、日本人は欧米の文化や、西洋の人間そのものに憧れを持ってきた。国を挙げてである。

現に、大きな港である神戸港も、横浜港も、太平洋岸にあって、日本海岸にはない。その風潮は、今でも続き、日本人はアジアのほうを向いていないのだ。学ぶべきものの多くは、ヨーロッパやアメリカにあったからだ。

社長たちと一緒にハノーバーやミラノの見本市に幾十年も出かけたが、それによって得た商品やシステムは数限りない。また、街中にあるさまざまなビジネスのスタイルも勉強になった。

あるとき、ドイツのジーメンスの役員をしていた友人のゼオ・ザバダが、夫人のアリスと一緒に、私ども夫婦をチボーという喫茶店に連れて行ってくれた。チボーは、五百店以上も店を持つチェーンであったが、この店で参考になったのは、コーヒーや紅茶の入れ方でも、サービスのよさでもない。

それは、コーヒー店の片隅に、小さな文房具コーナーや、ブティックを設けていたことである。これらの売り上げのほうが、店によっては、コーヒーや紅茶やパン類よりも大きいことを知った。日本でも、ドイツでも同じで、喫茶関連の商品を売っても、一日の売り上げは大して多くはないのだ。一日に、五万円とか、七万円に過ぎない。それを、日本で喫茶店のチェーンを経営している社長に、話したことがある。新しい業態や、新しいソフトを加えた施設産業を創造しなければ、この業界が栄えないからである。

新しい商品として、レギュラーコーヒーの箱詰めや缶詰めを加えたり、焼きたてのパンを売ってはいるが、まだ文具やファッション衣料には目が向いていない。

喫茶店に行くと、洋の東西を問わず、よく談話をする。簡単なメモや文具は必須の持ち物だし、傘も靴下もブラウスも気軽に欲しくなるものだ。店の数も多いし、よい売り場になる。

ペット、ガーデニング、カジノの新しい潮流と繁栄急所

アメリカにペッツマートというチェーンがある。文字どおり、ペットショップである。ペットに対する扱いが、さまざまな点で日本と異なっていて面白い。日本の場合、犬の訓練は、警察や専門施設に預けきりでお願いする。アメリカでは、飼い主が犬を連れて通う。一週間に三度程度、飼い主の主婦が犬と一緒にペッツマートへ行き、トレーナーの指示に従って、わが犬を訓練する。そうすると、すぐに訓練が行き届くようになる。教育が早く、正確である。警察に勤務している人が、退職後にやればいい。もちろん、トレーニング以外に、食べ物や、下《しも》のもの処理用具や、散歩用の鎖、首輪、犬舎まで売れる。また、獣医の資格があれば、動物病院まで可能である。

新しい繁盛店は、システムの異なるヨーロッパやアメリカに多く、三年、五年と住んでいる日本人にこういう視点を話し、教えてもらうのもよい。ただし、人間には記憶力型の人と、創造力型の人がいる。創造力がない人には頼まないことが肝心だ。知識だけあって、やたらに知ったか振りばかりされることになる。

日本のガーデニングショップは、未成熟である。イギリスでも見たが、フランスのベル

サイユ宮殿のすぐ側にある地下鉄の駅、ポルト・ドゥ・ベルサイユを降りたところでは、二年ごとにガーデニングや、温室や、花の見本市が開かれる。

温室は、庭さえあれば、広さ、狭さに関係なく、大規模なものから小規模のものまで、たくさんある。温度管理も、散水や湿度管理も、ほとんどがアナログであるが、それがかえって楽しいという人も多い。

日本でも、温室を造ったり、売ったりしている会社がある。以前は、ヤナセも売っていた。宇都宮にあるミヤプロの社長・佐藤信芳さんは、サンルームとも温室ともいえる完成品を造り、規格化してリフォームのパッケージ商品として売っている。

広い居間は、最近の流行であるが、もっと広くというので、パッケージ化したこのサンルームを、その広い居間にくっつける。屋根は、空が見渡せるが、光は通しても熱は通さない。ゼネラルエレクトリック社の、特殊なガラスを使っている。床は、居間と一体に工事し、床暖房もエアコンもつく。使い道は、温室にも、居間にも、サンルームにもなるので、人気が高い。

これからは、樹木や花や自然環境に親しむ生活が、憧れになってくる。造園もいいが、質の高い温室というハードが売れてくる。ヨーロッパに学べば、よいものがある。

カジノといえば、ラスベガスが代名詞であるが、ヨーロッパにも多い。モナコにも、オーストラリアのリゾート地へイマン島にもあるし、アジアの各地にも非常に多い。

日本にカジノの構想があることは、周知の事実である。果たして、それをどこにつくるか、どのように運営し、管理し、免許などの制度をつくるか、難しい。

海の上に島を築いて、一般社会と隔離すると、管理しやすい。一種の入場制限である。賭博《とばく》であるから、子供への影響をはじめ、さまざまな苦労が新しく生まれもする。

しかし、カジノの構想は、しっかりしたプランがあれば、意外に早く実現すると思う。そうなれば、ホテルや、その他の付帯設備・施設、新しい道路の建設など、莫大な経済効果が見込まれる。どんな業種に属そうが、社長として無関心でいるわけにはいかない。

ビジネスホテル産業における繁盛の視点

ビジネスホテルも、これから成長する。

交通が便利になり、日本中を行き来する時代となった。簡便に宿泊できるよい施設は、まだ不足している。ホテル競争といわれているが、それはシティホテルのことである。料金の高いホテルは、大都市に過剰なほどできた。ラッシュである。

しかし、ビジネスホテルの質を高める競争は、これからである。

もう二〇年以上も前に、藤田観光の社長をやっていた田中雄平さんが、「ワシントンホテル」をつくった。名古屋に初めてつくられたが、最初は風呂も各部屋になく、大浴場だった。先駆者としてのさまざまな障害にめげず、田中雄平さんは、日本で最初に本格的なビジネスホテル「ワシントンホテル」を、全国にフランチャイズ方式で展開した人である。今では、日本の各地にあるが、当時を思うと、懐かしい限りだ。

それから一〇年もたって、ビジネスホテルを建てたいという人が尋ねてこられた。この人は、当時、親に勘当されたと言い、小さなビジネスホテルの一室を住まいにしていたように思う。

その人が住んでいたビジネスホテルは、一泊三〇〇〇円程度で、いくつもの部屋が空いていた。そこで、この人は、ホテルのオーナーに、部屋を売らせて欲しいと頼んだ。一部屋売れば、一〇〇〇円程度のマージンをもらうことで契約し、片っ端から宿泊を売っていった。幸い、大学時代から友人が多く、部屋はよく売れた。

やがて、売る部屋数が少ないので、他のビジネスホテルへも声を掛け、一〇〇部屋、二〇〇部屋と、商売を広げていった。この人は、実に商売が上手で、うますぎるほどの印象を持ったが、売るべき部屋は次々に増え続け、ついには五〇〇〇、七〇〇〇という数にまでなった。

そこで、「日本ビジネスホテル連盟」なる組織を立ち上げ、各大都市の空いている部屋をすべて売ることにした。

九州の会社では、社員を東京へ出張させることも多いし、東京の社長は、社員を名古屋や大阪や福岡や札幌へ出張させることが多い。そこで、安価で、安心して宿泊できるビジネスホテルの案内を、北から南まで、各地の社長宛《あて》に送った。

こうして、依頼された部屋をコンスタントに埋める力をつけた後に、自らのホテルを建てる計画を立てた。そして、彼のビジネスホテル事業は、日本有数になった。

ビジネスホテルは、まだ不足であり、これからが本番の有望な事業である。部屋の美しさも広さも、食事も、宴会も、シティホテルとは大幅に違うが、ビジネスをサポートする必要十分のあり方が、根本的に見直されている。

フランチャイズの新しい展開法

日本各地で、家具店や、スーパーマーケットや、パチンコ店といった大型の施設事業が、店を閉めた。

そこを再利用して、北海道・帯広のオカモト（岡本謙一社長）は、独自のスポーツ・フィットネスクラブに造り替えて大成功し、フランチャイズ・チェーン（FC）を募集している。岡本社長は、他に一一業種、二三業態を成功させている。全業態が黒字で、現在、グループで三八〇億円の売り上げがある。人口の少ない北海道の帯広でのことである。素晴らしいの一言に尽きる。

フランチャイズ募集している「ジョイフィット」は独自の経営で、数多くのノウハウを蓄積している。

FCで注意すべきことは、募集するフランチャイザーが、いわば教師のごとく、共同体経営の思想を持っていなければならない。

応募する側のフランチャイジーには、次のように特典が多い。

①自分にノウハウがなくても、独立した事業家になれる
②小資本で開業できる
③多くの開業実体験の結果、募集するのであるから、成功の確率が高く、リスクが少ない
④多くのフランチャイジーが加盟する結果、安い仕入れが可能となる
⑤看板や名前を統一できるし、宣伝も共同でできるから、有名になれる

⑥新しい商品や営業ノウハウの提供があり、自ら開発する必要がない
⑦共同体感覚が持てる
⑧経営指導、販売指導を受けられる

岡本社長の人柄は、明るく、まじめで、非常に有能で、勉強熱心である。新しい繁栄のために、門を叩かれてはいかがかと思って、紹介した次第である。

女性の働きやすさが試される育児・託児システムの急務

多くの会社が、バブル崩壊の後に、社員の厚生施設や、その他の不動産を売ってしまった。その中には、託児の施設まである。当時、リストラを行い、一時的に女性社員が不要になった事業所や、工場がたくさんあった。

ところが、今、好景気になり、少子高齢化の中で人手不足が予想されるようになり、また、少子高齢化が進んでくると、さまざまな層の労働人口が必要になる。しかも、それが深刻になってきている。

最近の新卒者は、一人で三社からも、五社からも内定通知をもらっている。団塊の世代の退職も始まる。再雇用も必要である。すでに、一度退職して、育児に専念してきた主婦

も、雇用のエースとして登場してくる。

この主婦に必要なことは、託児や育児のシステムである。中小企業は、地域が助け合って、新しい施設やシステムをつくらなければ、生き残っていけなくなる。また、子供を産み、育てやすくして、少しでも人口増加に資するように、早めに計画を立案し、実行を働きかけてもらいたい。

アメリカには、キッズワールドという育児所がある。東海岸の人が、西海岸に引っ越して勤めても、子供の環境が変わらないように、建物や部屋が同じカラーで統一されていたり、保母の方々の制服も同じである。ボタンの色や服のデザインまで同じであるから、子供は同じところに通っているという印象を持つ。不自然さがない。

こういう共同のシステムは、転職や転勤の多いアメリカやヨーロッパが進んでいる。勉強し、模倣すべき点も多い。また、子供の時間管理業や、宿泊管理業も研究すべきである。

託児や育児は、幸福・安心・健康・親切が課題であり、それを徹底するための従業員教育システムも重要である。

成功を決定するオープニング・イベント

施設産業の多くは、オープニング時や、販売促進や増客キャンペーン時に、効果的なイベントを開くことが、繁盛の決め手となる。

築地の「喜代村のすしざんまい」という店は、わずか三〇坪でオープンした。しかし、たったこの一軒で一年間に一〇億円も売り上げる大繁盛店になった。それがスタートで、今では築地に四店舗、その他に中央区、港区、江東区、千代田区に、全部で一九店もの「すしざんまい」を展開し、一〇〇億円を超える売り上げに成長した。

一店目のオープニング・イベントとして、大きな鮪の解体ショーをやった。社長自らが、薙刀《なぎなた》のように長い刺身包丁で捌《さば》く。一般のお客様や、通りすがりの方々が大勢集まり、珍しいショーを楽しまれた。そして、発泡スチロールの舟に乗せられた切り身に、大勢の手が伸ばされた。本鮪の大きな切り身が一〇〇円、二〇〇円の値段である。とにかく「安い、新鮮、旨い」に大歓声が上がった。通常、スーパーマーケットでは、冷凍ものの小さな切り身が、一五〇〇円、二〇〇〇円という高値で売られている。その場で、切り身を刺身醤油で食べる人もいた。

店の前に集まった大勢のお客様は、そこに美味しくて、安価で、素敵な「すしざんまい」という店ができたことを、強烈に印象づけられた。人が大勢入る店は、人が人を呼ぶ。活気があるから、美味しいと思う。弾みがついて、勢いを増すようになる。宣伝も、口コミが最もよい方法である。確実に伝わっていく。後は、美味しい、親切、親しいという期待を裏切らないことだ。

施設産業を経営している社長が、「こういうイベントなどは特殊なことで、ウチは違う」と思っている場合が結構多い。しかし、それは、大きな誤りである。

集まったお客様が少しずつ減っていったら、別のイベントを開いてもいいし、同じイベントでも魅力があれば、再び繁盛するものである。工夫次第だ。

正義に基づいた「仕掛け」で繁盛する

イベントには、限定イベントと、継続イベントの二種類がある。

オープン時には、大きなイベントを一日でも、二日でも、一週間でも開くことが効果的である。

しかし、来客・来店の商売の多くは、週や月ごとに、継続して開催するほうが効果が大きい。たとえば、新年の一月から暮れの一二月まで、さまざまなイベントを開催しているところがある。デパートや有名な専門店では、それが繁盛の源泉になっている。

限定イベントは、まず期日、商品、対象、テーマを選ぶ。そのときに、「この商品を、このお客様に」という感覚が大事であり、商品を無料にしても、割引にしても、あるいはノベルティを用意してもよい。

期間は三日間とか、値段はあらかじめ金券を一人につき一〇枚ほど配っておいて、結果的に割り引くようにしたり、目玉商品を用意したりする。また、お客様は上得意先だけにするのか、一般の人も集めるのか、ということも決めておく。時には、テーマを商品の発売記念とすれば、オープニング時だけではなく、幾度も開催することができる。

継続キャンペーンや、継続イベントは、毎週とか、毎月とか、毎シーズンというローテーションを決めて開く。一月だけでも、「新年おめでとうセール」「成人式おめでとうセール」「冬物一掃バーゲンセール」「春物初入荷セール」など、挙げれば切りがないほどつくり出せる。二月にも、三月にも、月や季節が替わるたびに「仕掛け」られる。

「仕掛ける」ということをいやらしいと感じる人もいるかもしれないが、事業経営の多くは、意図して行うという思想がないと繁盛しない。ただし、正義に基づいた仕掛けが大事で、これを外しては生き残れない。倫理観や、常識の問題である。

一月から一二月まで、また四季を通じて、時には創立記念日の月や週にイベントを開く。

会社の誕生日は、必ず毎年やってくるから、格好のイベント日である。また、公の祭りや、記念日にかこつけたり、自らがその日を意図的に意味づけて開催するのもよい。

埼玉の越谷にあるポラス・グループの中央住宅は、地域密着の住宅会社で、年商一三〇〇億円を超えている優秀な会社である。創立者の中内俊三氏が四国の徳島の出身であったので、阿波踊りを越谷に持ってきて、夏に盛大なイベントを行っている。最初は、数千人からスタートし、今では五〇万人を超える人々が、近隣はもとより東京方面からも参加している。このイベントによって、ポラス・グループは、高い知名度と信頼を築いた。

一企業のイベントが、地域全体を動かすイベントになってしまったわけである。町おこしの七夕祭りや、葉山にある日影茶屋の「日影祭り」など、考えられないほど多くの人々が集まる継続イベントもたくさんある。


売り上げを伸ばしている会社は、世の中の変化を読んで、お客様が上手に商品を買う理由をつくり出しているといえる。だが、世の中の変化とは、突き詰めれば、お客様の好き嫌いの変化がもたらすものである。好き嫌いとは、理詰めではなく、感性で決まるものだから難しい。次章ではその、好き嫌いの出所となる「感性」に訴える商品やサービス、会社組織のあり方について述べてみたい。

Unlimited Strategies
The evolving role of the president

2章

感性を磨くことが繁盛につながる

購買の判断基準は好きか嫌いか

右脳と感性が事業家としての器を決める

事業を成功させる具体的な考え方の中で、大事なのは、生涯を懸けて何をやるかを決めることである。

人生は幾度もないのであるから、果たして、事業家になったほうがいいのか、学者になったほうが身に合うのか、政治家が似合うのか、芸術家か、スポーツマンか、勤め人か、よく感じ、考えを決めることが肝心である。まだ世間をよく知らないうちに、細部にわたるまで決定しておかないほうがいい。もし、決めるとしても、その発想は、「大きな縛り」程度にしておくことが大事である。

人生は、誰にとっても、割と公平にできている。

最初に、オギャーとこの世に誕生し、二〇歳前後まで学校に行く。現代人は、ほとんど一緒にスタートする。この間の教育の根幹は、記憶力をつけること。つまり、左脳を鍛え、知性を磨く時期である。成績の評価は正誤が主体で、優良可が決定する。

しかし、この二〇年前後では、人格や人間の価値や有能さは決まらない。

この二〇年の次に、現代人には働く期間がやってくる。働く期間は、二〇歳前後から六五歳までの四五年間もあり、この時期こそ人生そのものである。恋をして結婚し、子供を産み育て、その子の就学・就職や、結婚までもが、この四五年間の中身である。

選ぶ職業はさまざまであるが、サラリーマン、事業家、政治家、学者、医者、芸術家、スポーツマン、専業主婦……と、選択肢は多い。

事業家にとっての評価は、決して記憶力が中心ではない。つまり、知性の高低で評価を受けないのが社長である。

むしろ、人間の右脳を鍛えて感性を磨くことが、事業家としての器を決定する。評価のほとんどが、正誤表よりも、好き嫌い、喜怒哀楽が主体である。結婚相手を選ぶときはもちろん、ネクタイ一本でも、食事を選ぶときでも、決定要素は「好き嫌い」である。

お客様が、自分の会社の商品を買ってくださる最大要因も、好き嫌いに他ならない。時に、法律とか、数学とかがあって、正誤で選択する場合もあるが、それは全体の一割程度。人間の行動規範は、圧倒的に好き嫌いである。

自社で開発したり、他社から仕入れて売る商品でも、そのデザインでも、機能性や性能でも、人に好かれなければ売れない。それが真実である。

まずい物を幾度も食べる人はいないし、嫌いな相手と結婚する人もいない。二〇歳から六五歳までの四五年間の人生では、基礎教育の延長線にあるような、ごく当たり前の正誤の領域は一割にも満たない。大部分は、好き嫌いで評価される領域である。

事業家であれば、自分たちが何を扱っていても、繁栄や繁盛の大部分が好き嫌いで決まることを知っていなければ、成功はできない。

消費構造がなぜ変化するか、価値観がなぜ急激に変わるかは、人々の好みの変化である。それが流行、ブームを生み出すのである。

たくさんのネクタイの中から、ただ一本を選び出すのは、それを好きだという依怙贔屓《えこひいき》からである。それを買う人の心理は、たくさんのネクタイの中から、ただ一本に恋をしているようなものだ。

商品も、サービスも、事業も、好かれないと繁盛しない。好かれないと、絶対に売れない。好かれるためにはまず、感性に訴える商品、売り方を意識しなくてはいけない。それを熟知して商品を作り、仕入れ、売らない人は、大概の業種業態の事業で成功しない。

ストーリー・マーケティングでお客様の心をつかむ

〈「レッドエレファント」の伝説〉

ある日、象使いの村に、他の象よりもはるかに大きい赤っぽい色の象が送られてきた。

しかし、この象は、気性が激しく、とても人の言うことを聞かなかった。

一人の、優しくて、正直な象使いが、ふと、この象に触れると、不思議なことに、たちまちのうちに心を許してなれた。

それからというものは、一人と一頭は、朝早くから、夜遅くまで、よく働いた。やがて、「名人」と呼ばれるようになり、土掘りの労役を見事にこなし続けた。

〈海を渡ったブルーエレファント〉

しばらくして、優しい象使いは、海の向こう側にも、もう一頭、杭打《くいう》ちの上手な、大きな象がいることを聞いた。

象使いは、一頭にしておくのがかわいそうだと思い、その象を送ってもらうことにした。不思議なことに、象は海を渡るうちに青くなった。

人々は、この象をブルーエレファントと呼んだ。まぎれもなく、この二頭は一対のもので、力を合わせて一〇〇倍の象力を発揮し続けた。

〈土掘りのロマン〉

人は、古《いにしえ》から、労役に数々の動物の力を借りた。今でも、馬力や、牛力は、地球上のどこかで用いられているエネルギー源である。やがて、人は道具や機械をつくって文明の利器としたが、それらは、みんな、どこか動物に似ている

人は、鳥のように舞い、大空を高く飛びたいと願い、飛行機をつくり出した。美しい帆船は、水鳥が水面を滑るように走るのを見て、考案されたものに違いない。人が、歩きたくないという欲望は、駕籠《かご》を生み出し、やがて、それを馬車に変え、機関車に変え、電車にしてしまった。少人数の乗り物は、自動車にしている。それら全部にエンジンを積み、七つの海と五つの大陸を結び、地球を狭くした。

しかし、陸上で一番大きな象は、今、やっと、「レッドエレファント、ブルーエレファント」になって、未来を開拓するのだ。土掘りのロマンが、そこにある。

「ヤクシン」という会社がある。一年前に、七五トンもある巨大クレーンを、神戸製鋼の系列であるコベルコ建機から購入した。そして平成一八年の春、世界一の性能を誇る杭打

ち機を、はるばる海を越えてドイツから輸入した。

しかし、ヤクシンは、元請けでもないし、規模も決して大きくはない。建機に先行投資しても、仕事の開拓をやらなければ、売り上げはたたない。そこで、私は、受注促進のために、企画を立てることにした。感性に訴える、ストーリー・マーケティングである。

一機のクレーンを「レッドエレファント」、もう一機の杭打ち機を「ブルーエレファント」としたのである。もちろん、そういう象が現存しているはずもないが、夢を買っていただくわけである。ネーミングの発想は、クレーンも杭打ち機も、ノズルが長かったからである。

多くの受注事業は、売るべき商品を持っていない。売り物は、いつでも、固有技術や、値段が安いということや、品質の高いものを作れることだったりしている。要するに、形状のないものを売っている。こういう性格の会社は、商品をお客様のところへ運んで、訴求することができない。

だから、「グレードの高いカタログ」や、「受注促進のための現場見学会」や、「プロモーションCD」こそが大事である。

受注の繁盛を決定する要素は、カタログ次第、見学会次第、イベント次第なのである。

しかし、受注事業の多くは、そのことがわかっていないし、仕掛けていくという思想がまったくない。会社概要カタログのほとんどが、無意味な社長の挨拶《あいさつ》や、組織図や、取引銀行名や、社員寮や、野球とか茶道の同好会の案内だったりしている。

もっと固有技術を開発したり、それにネームをつけたり、工業所有権を取得したり、企画力や工期・納期、品質・コスト、近代的設備などの「売り物」を戦略的に描いて、仕掛けていかなければ、積極的に事業を繁栄させることはできない。

「仕掛けていく」という思想を失っては、新規開拓はできない。冒頭の「土掘りのロマン」は、社長の哲学をベースに、新規開拓の武器として創作したものである。

ヤクシンが、千葉県の袖《そで》ヶ浦で現場見学のイベントを開いたのは、平成一八年春である。大手ゼネコンのすべてが集い、受注量は三倍にも増加している。東京を中心に首都圏の現場で、「赤い象」と「青い象」を目にする機会が増えるにつれ、名指しで発注してくれるようにもなった。

物語性で世に訴える

富山県の小矢部は、「メルヘンの町」と呼ばれて久しい。それは、ここの市長を務めた松本正雄さんのおかげである。

二〇年ほど前になろうか、富山の指導先に行くことになった。当時、富山空港がなく、小松空港に降りて、タクシーで黒部まで行くことになったが、礪波《となみ》平野の途中で東京駅にそっくりの建物を見た。びっくりして、運転手に聞いたら、「あれは、サイクリング場だ」と説明してくれた。しばらく進むと、東京の御茶ノ水にあるニコライ堂や、東大の安田講堂など、一〇ほどの建築物を見た。

これだけ大きなものを、一体、誰が、何のために造ったのか尋ねたいと思い、人の紹介でわかったのが松本正雄市長だった。「一級建築士だったので、自分に与えられた啓示だと思い、せっかく公共のものを造るのであれば、保健所も、小学校も、中学校も、有名な建築物にしたい」というのが、そのスタートだった。最初の三棟や五棟の頃までは、みんなが笑ったという。

それが、ある時点で変わった。丁度、一五棟も造ったときに、近隣の市町村が、「メルヘンの町小矢部」と呼んで、見学に来た。ストーリーの誕生である。それからというものは、みんなが協力して、三五棟も建てた。

小矢部は、観光資源がほとんどなかったが、メルヘンの町と呼ばれてからは、観光に訪れる人が多くなった。

また、アメリカ西海岸のモントレー半島の入り口に、カーメルという市がある。ここが有名になったのは、リゾートとしての美しさではなく、俳優のクリント・イーストウッド氏が市長をやったからである。

レーガン元大統領がサミットを開いたニューポート・ビーチへの往復で、このカーメルに寄って、少しお土産《みやげ》物を買うことにした。

二階建てのショッピングモールが二棟、並んでいた。入ってみると、二階が何本かのブリッジでつながっていて、互いに行き来できるようになっている。洒落《しゃれ》た作りであった。

ここの一階に、バナナ・リパブリックがあったのだ。

もちろん、バナナ共和国なんてあるはずもないから、仮想国の名前が店名になっている。サファリルックのようなファッションや、旅行用品を売っていた。

入るとすぐに、ヘリコプターのプロペラが目についた。何だろうと思って、説明のプレートを見ると、「ヘリコプターでバナナを採りにいったら、バナナの樹に衝突をして墜落したが、命には別状なかった。そのときのヘリコプターのプロペラがこれで、着ていたファッションも、リュックも、靴も、すべてここに飾ってある」という。ストーリーが面白いので、一そろい買って帰った。

念のためにと思い、ヘリコプターの別の残骸《ざんがい》はどこかと尋ねたら、尾翼はロサンゼルスの店に、頭部はニューヨークにあると、ふざけたことを言っていた。

似たようなストーリー・マーケティングで、大阪の梅田と御堂筋の地下街に、「クレヨン一家」の店がある。この店の次女は、ロイス・クレヨンというイギリス生まれの二三歳になる美人バイオリニストらしい。とてもファッショナブルなロイスが着ているものや、身につけているものや、持ち物が売られている。人気抜群で、店舗が増えた。

社長は、田中洋さんであるが、かつて東京にあったファッションメーカー馬里邑《まりむら》に一八年勤めた後に、自分の店を持ったと聞く。

ストーリー・マーケティングは、お客様の心をつかみ、購買の大きな後押しとなる。クレヨン家の長女のファッションも、服も見たいものだ。

知性・感性・霊性を鍛えて儲ける

知性という尺度は、物事を正誤で判断するのに役立つ。

法律にも、数学にも、「情」の部分が少ない。これらの科学は、理屈が中心で、情が「文化的」であるのに対して「文明的」であり、知性を代表する学問である。

知は、記憶力の積み重ねで、磨けば豊かになる。頭レベルのことである。現在の学校教育は、人間の能力を正誤だけで評価することに偏っていると思う。知名度の高い学校に入るのも、大企業に入るのも、左脳に属する記憶力だけを磨いた結果である。

人間の能力には、この知性の上に感性がある。「上」というのは、含みがある。知性は不可欠である。知性があって、感性があるという意味に近い。

この感性は、前にも述べたが、目・耳・鼻・舌・皮膚といった五官に判断を委《ゆだ》ねている。人間は、五官を通して、視・聴・嗅《きゅう》・味・触の五感を尺度に、好き嫌いとか、美醜とかを判断しているわけだ。もちろん、個人差がある。人間の右脳を鍛え、心のレベルを磨くことだ。

喜怒哀楽は、この五感から生まれる「情」の問題である。劇を観《み》て悲しんだり、喜んだりするが、視覚や聴覚が心に響いたからだ。絵は視覚だけで判断する視覚の高いレベルが大事である。音楽は聴覚で、食は味覚や嗅覚や視覚が主である。簡単に言うと、「文化的」である。

最近、現代人は、この感性の領域に衰えが出てきたといわれている。

五感を超えたところに第六感がある。これは、物事の本質をつかむ判断を、神仏や勘に委ねる領域のことである。ピンとくるとか、何となく危ないと判断できる野生のひらめきのようなものである。私は、これを「霊性」と呼んでいる。

要するに、人間の能力には、知性・感性・霊性というものがあるが、問題なのは、知性を勉強するあまり、感性が貧しくなったり、野生の霊性が失われてしまったことである。私には、そう思われてならない。

事業経営には、さまざまな能力や才能が必要である。

現代人のほとんどが、好き嫌いで、男は女を選び、女は男を選んで結婚するようになった。正しいとか、正しくないというのは、法律や数学の世界のことである。

レストランで食事する場合でも、ファッションを選ぶ場合でも、好き嫌いこそ判断の基準になっている。七割も、八割もである。

資本主義の成熟は、ネクタイ一本を買うときでも、靴一足を買うときでも、柄や素材やサービスの好き嫌いで選択することを当たり前にした。多くの商品の中から、強く必要とするものを選んで、購入する。そうなると、人の好き嫌いを教える感性教育こそ大事である。好き嫌いがわかる人材が会社にいれば、売れる商品を新たに創造したり、仕入れられるようになる。

感性というものは、まったくのゼロから一や一〇を発想するのに役立つ。逆に、知性は、先に一があるから二や三や、一〇へ到達できる才能である。ゼロから発想することは、実に難しい。記憶力型の人には、できない発想である。

知性豊かな人材は、今までと同じように募集し、採用すればよい。しかし、それらの人材は、商品開発や仕入れには向かない。むしろ、経理や法律やスタッフの部門が、最適な配置である。

感性豊かな人材は、未来開発や、商品開発や、仕掛けていくことや、すべての企画に向くと同時に、社長業で大事な方向性の決定に才能を発揮する。

霊性豊かな人材は、特に、見込み事業が主体のリーダーに向く。

長い間、記憶力の良し悪《あ》しだけで、日本の会社は、人材を採用してきた。新商品も、新事業も、企画力も、増客も、販売促進も、冒険も、勇気も、喜怒哀楽も、記憶力の中にはない。

まったく新しい感性が繁盛を呼ぶ

次々に、感性型商品やビジネスが生まれている。

今までにない子供向け商品、M&D（Mother & Daughter 母親と娘）商品、高校生商品、太った人向け商品、水族館、博物館、美術館、フィギュア、多目的ホール、フリーペーパー、キャラクター商品、シール、ノード・テーマパーク、中食《なかしょく》、惣菜《そうざい》……それらの斬新《ざんしん》さは、「ユニークで面白い」「口コミによる宣伝効果」「マニアック」「ユニバーサル」「レトロ」「物語性」「ゲーム感覚」など、実に幅広い言葉で表現される。ただし、正誤表の尺度だけで物事を考える記憶力型人間では、なかなか感じられない世界である。

昨今、結婚式で仲人を立てることが少なくなったし、超豪華結婚式も少なくなった。レストラン・ウエディングンやホーム・ウエディングなど、むしろ、形式よりも「情」が主体となってきている。

「カシータ」は、東京の青山通りにあるフレンチとイタリアンをミックスしたような創作レストランである。

友人の社長たち七、八人と一緒に行ったが、混んでいて、しばらく裏側にある待合室に通された。そこは、結婚式場にもなる作りである。そこでシャンパンを注文した。ウエーターは、シャンパンを持ってくるなり、瓶の細長い首のところにナイフを当てると、何と瓶そのものをスパッと切った。見事な切れ味で驚いたが、以前、同じ光景をスペインで見たことがある。それでも、「なかなか見せるな」と感心した。

やがて、テーブルが空いて案内されたが、メニューには、七、八人の社長の名前が書かれていた。この店をやっている高橋滋さんの手回しなのか、私のメニューには、「野火焼

郵便はがき

料金受取人払郵便

新宿北局承認

6964

差出有効期間
平成29年1月
31日まで
切手を貼らずに
お出しください。

169-8790

154

東京都新宿区
高田馬場2-16-11
高田馬場216ビル5F

サンマーク出版愛読者係行

ご住所	〒　　　　　　　　　　　　都道府県	
フリガナ		☎
お名前		(　　　)
電子メールアドレス		

ご記入されたご住所、お名前、メールアドレスなどは企画の参考、企用アンケートの依頼、および商品情報の案内の目的にのみ使用するもので、他の目的では使用いたしません。
尚、下記をご希望の方には無料で郵送いたしますので、□欄に✓印を入し投函して下さい。
□サンマーク出版発行図書目録

ご購読ありがとうございます。今後の出版物の参考とさせていただきますので、下記のアンケートにお答えください。抽選で毎月10名の方に図書カード（1000円分）をお送りします。なお、ご記入いただいた個人情報以外のデータは編集資料の他、広告に使用させていただく場合がございます。

1 お買い求めいただいた本の名。

2 本書をお読みになった感想。

3 今後、サンマーク出版で出してほしい本。

4 最近お買い求めになった書籍のタイトルは?

5 お買い求めになった書店名。

市・区・郡　　町・村　　書店

6 本書をお買い求めになった動機は?

・書店で見て　・人にすすめられて
・新聞広告を見て（朝日・読売・毎日・日経・その他＝　）
・雑誌広告を見て（掲載誌＝　）
・その他（　）

下記、ご記入お願いします。

職業	1 会社員（業種　）	2 自営業（業種　）	
	3 公務員（職種　）	4 学生（中・高・高専・大・専門・院）	
	5 主婦	6 その他（　）	
性別	男・女	年齢	歳

ホームページ　http://www.sunmark.co.jp　ご協力ありがとうございました。

不尽、春風吹又生（野火焼けど尽きず、春風吹いて又生ず）」という大好きな白楽天の詩が、ヘッドにプリントされていた。こんな殺し文句は、事前に私の本に目を通したか、ホームページを覗《のぞ》いたに違いない。

いつ、どこで、どうして……と、思ったのは、私だけではない。七、八人が全員、受付で名刺を渡したその瞬間から仕掛けられていたのだ。もちろん、いちいち、ゲストの名前を添えて応対する。

そのとき、思い出したのが、静岡の掛川にある「北の丸」である。まったく同じようなもてなしを受けた。

ヤマハは、ピアノやオートバイ以外に、テニスやゴルフといったスポーツの分野に進出して久しい。掛川に、葛城カントリークラブというゴルフ場も経営している。

このゴルフ場の宿泊施設が北の丸である。北の丸は、想像どおり、日本の城をイメージして建てられている。正面アプローチは石畳で、大きな門構えが迎えてくれる。廊下も、階段も、大きな木をふんだんに使っていて、かなり上等な都市ホテルよりも素晴らしい。落ち着くのだ。ここに、連続して四、五回、行った時期がある。

四回目の頃、最初に来たときに出た肉が美味《おい》しかったことを思い出し、それを注文しようとした。ところが、そのときに、「牟田様用メニュー」というのが目についた。メニューは、ステーキではなかったが、その都度、異なったものを食べていただきたいという配慮がなされていたことに気づいた。

それから、時には、友人を誘って、新幹線に乗ってでも行きたいゴルフ場になった。

「目線」を合わせて売っているか

お客様をとらえる「目線」がズレていると、どんなに努力しても、商品は売れない。

目線とは、一体、何か。つまり、老人に子供商品を売っても、なかなか売れないし、子供に老人服を売ったら、まったく売れないということだ。どんなに品質がよくても、値段が安くても、対象と目線が異なるものは売れない。

少子高齢化が進み、消費構造が変わって久しいが、本当に老人にフィットした商品や、子供をワクワクさせる商品を、自社で開発できないのは、社長や担当者の目線が、決定的にズレているからだ。

老人の孤独や、喜びや、希望を実際に知らないで、頭だけで考え出したありきたりのものを、単に押しつけているだけではダメだ。同様に、子供の天真爛漫《らんまん》さやヤンチャな目線を忘れて、こぢんまりとまとまった大人の価値観を、垂れ流しているだけのものが売れるわけがない。

食べ物でも、衣服でも、異性に対する好き嫌いの基準でも、哲学や時間の流れでも、すべての喜怒哀楽は、世代ごとに目線が大きく異なる。

目線は、いつでも現場を見ていないとズレたり、遅れたりしてしまう。商品開発にも、事業経営にも、失敗してしまうものだ。

たとえば、日本はすでに、五人に一人が六五歳以上で、老人大国になっている。戦後間もなく生《せい》を受けた団塊の世代が、ここ一、二年で老人の仲間入りをして、ますます老人が増える。

しかし、病気も、失業も、老いの苦しみや悲しみも知らない、つまり、老人の痛みがわかっていない、死を考えたことがない意気軒昂《けんこう》な若者は、老人の衣食住や、異性や、残された寿命と生き甲斐《がい》についても考えたことがない。だから、開発した商品やサービスが、ことごとく的外れであったり、逆効果であったりするのだ。

これからの老人市場が有望分野であっても、老人の喜怒哀楽を、直接に感じることができなければ、成功を収めることは困難である。

ためしに、近郊の散策地を歩いてみるといい。色とりどりのスニーカーを履き、洒落たリュックを背負った元気老人のグループが、何組も何組も、嬉々《きき》として連れ立っている。

それはなぜなのか……目線を合わせて、一緒に歩いて見なければわからないことだ。「老人の原宿」と呼ばれている東京の巣鴨地蔵通り商店街に足繁《あししげ》く通い、介護施設を回って会話し、自分で車椅子に座り、介護ベッドに寝て、実際に操作したりすることが大事だ。

子供向けの商品やサービスを扱っていたら、子供の目線に合わせて、幼い者の感性をつかんで欲しい。本当に子供の心がわからなければ、いいものは作れない。

なぜ、子供たちが、セガの「ムシキングカード」に血道を上げ、ゲーム機の前に、時のたつのも忘れて列をつくっているのか。なぜ、「ヘルクレスオオカブト」「ギラファノコギリクワガタ」に、ハラハラドキドキしているのか。

ムシキングは男児バージョンだったが、最近では、女児バージョンで「ラブアンドベリー」が出て、大ヒットしている。一度でもいいから、列をつくってゲームをやってみることだ。子供の心がわかるはずだ。何が面白くてカード集めに夢中になっているのか、子供と一緒に遊び呆《ほう》けるくらいの人間にならなければ、子供向けのいい商品など開発できない。

社長は、そういう現場主義の部下を、積極的に得て、用いて欲しいものだ。目線を忘れては、大ヒットは創れない。

よいものを安く仕入れる知恵

あるとき、友人に、私たち夫婦おそろいのワイングラスをいただいた。夫婦の名前まで横文字で刻んであった。私は、すかさず、最も嫌われる値段のことを尋ねた。商売柄である。「これで、幾らですか」というわけである。

女房殿は、その一言を聞いただけで怒っていたが、「そうくると思っていた」と、男同士は笑っていた。

「このおそろいで、小売価格五〇〇〇円。仕入れは三〇〇〇円」だと言う。要するに、小売店に一〇〇〇円のマージンを支払い、自分の取り分も折半で一〇〇〇円なのだ。

そういう会話をして三カ月が過ぎた頃に、一緒に上海《シャンハイ》に行った。

上海の貿易センタービルに鄭《ティ》さんという副官庁がいる。ビルには、見本市のブースのように、たくさんの中国公司が商品を展示している。そこで、鄭さんに、グラス屋さんを呼んでもらった。五軒の社長や店長が呼ばれたところで、ペアのワイングラスを持ってきて、見積もりをしてもらった。もちろん、夫婦や恋人同士の名前を刻んだうえでの価格である。

一番安価なものが、おそろいで一五〇円、最高のものが三〇〇円である。友人は、その場で、三〇〇円のものを発注することにした。

数量や運賃・運送の方法や、お客様の名前を横文字でEメールすることや、破損時にはどうするかなどの打ち合わせを、二時間ほどで済ませた。

小売価格は、五〇〇〇円をそのままに据え置くことにした。三〇〇〇円の仕入れが、これからは三〇〇円になるので、これまでの取り分に二七〇〇円を加えた合計三七〇〇円が、新しい粗利益になる。内外の価格差は、すごい損得計算を実地で教えてくれた。

上海から車で四時間もかかるが、義烏《イーウー》はおすすめの町である。

三万五〇〇〇軒ほどの見本市ブースが、そのまま町になっている。品質の悪いものも、いいものも陳列している。とにかく、玉石混交だ。一週間もあれば、それらを作っている工場を、実際にたくさん見学できる。

品質やデザインが悪いというので、すぐに諦《あきら》めてしまう日本人バイヤーが多いが、それでは互いに商売にならないので、自分が欲しいデザインや品質や性能を詳しく打ち合わせ、要求することが大事である。要求すれば要求どおりになるが、そのまま放置すれば何もよくならない。検品工場を設けて、厳しくチェックすることも必要である。日本とは、さまざまな面で感覚的なズレがあるからだ。

建築資材を研究開発し、販売している岡山県の「全備」は、義烏との長いつきあいを上手にやっている。社長の竹原利彦さんは、自分自身が直接に義烏へ足を運ぶ。

そのきっかけは、こうだ。

日本で流行《はや》っているベランダや門扉は、アルミ製がほとんどである。軽くて、ペナペナしていて味がない。品質が高いなどとは、とてもいえない。

ヨーロッパの、鉄を叩《たた》いて作った門扉や柵《さく》は重厚で、しかも味がある。ほとんどが鍛造といわれる鉄の叩き出しで、頭の部分にデザインされた真鍮《しんちゅう》の飾りを取り付けている。ドイツへ行くと、店舗や家庭の多くが、室内の階段の手摺《てすり》から、間仕切り、看板にまで同じものを使っている。

たぶん、竹原社長はそれを見て強く心を打たれ、その美を日本にも持ってきたいと思い、デザイン起こしを志されたはずだ。しかし、いざ日本で作ると芸術品となり、価格が高い。どこか安価に作れるところはないかと探して、ついに、義烏に行き当たったのである。そこに、自分の息のかかった下請工場を決めたのである。

本物をこまめに探す習慣

家内の妹夫婦は、アメリカで二五年間、その後、ヨーロッパで五年間ほど生活していたが、やっと、日本で暮らすことを決めた。三人の子供たちは、三人ともアメリカ生まれ、アメリカ育ちである。そうなると、子供たちの思想や哲学は、どこか混血である。仕事も、結婚も、生活も国際的である。

この夫婦が、日本で家を建てることになった。長い欧米生活で、思想も哲学も、生活様式もすっかり欧米化し、家も、家具も、洋風がいいという物差しに変わっていた。だから、家の軀体《くたい》は日本の住宅メーカーに依頼して建てたが、工事の最中に、内装や、家具や、生活空間の設計が感覚に合わないと言い出した。

どこか異なるというので、この家の主人である義弟は、アメリカに一時的に戻って、住宅資材や設備の一部を買ってくることにした。アメリカの西海岸にあるデザインセンターで、家具や装飾品や機器をゴッソリ買って、日本へ送った。

その中に、天井から吊《つ》るすプロペラ状の扇風機があった。念のために値段を聞くのは、商売柄である。

私の知る限り、日本には、このプロペラ型の扇風機メーカーはない。欧米から仕入れてくるわけだが、これが高い。日本で買うと、一機、二〇〇万円とか、三〇〇万円もする。

ところが、アメリカ西海岸にも、EU諸国にも、この種のメーカーがあって、大量生産している。天井から吊るしたプロペラ・シャフトの下に、ライトがついているものもある。しかも、デザインセンターでは、数多くのサイズを取りそろえている。ビル用のサイズの大きいものでも、三〇万円程度であり、一般家庭用のものは五万円程度で、一〇万円も出せば大きくてデザイン性に優れたものが買えた。

日本では、生活習慣が洋風化傾向にある。日本本来からの和風の要求は、激減している。だから、機器や設備や、家具や内装の設計や、色や形のセンスまで、輸入することを考えたほうがいい時期なのだと思う。

日本人が、洋風の感性ばかり纏《まと》うのは寂しいが、尺モジュールも世界に即してメーターモジュールに直したほうがいい。尺モジュールとは、一尺=三〇三ミリを基準にして「何尺」で測られた寸法である。たとえば多くのトイレの幅は二尺で約九〇センチであり、これは欧米の家に比べてかなり狭い感じがする。というのも、尺モジュールがつくられたのは明治時代。当時の男性の平均身長は一五五センチであるから、今の平均身長から考えても、狭く感じるのは当然なのだ。

海外の知恵に学んで役立てる

地球上の寒冷地帯に育つ樹木は、堅くて重い。シベリヤのツンドラ地帯から、伐採した樹木を筏《いかだ》に組んでアムール川に浮かせ、運ぶことにした。

筏は、一週間して隊列を組んで、河口から海へ出る計画だったが、たった二日間で川底に沈んでしまった。比重がまるで石のように重いのである。だから、アムール川の川底には、今も沈んだ丸太がたくさん眠っている。

スウェーデンをはじめ北の国では、闇《やみ》の夜に樹木を伐採する。満月の夜に伐《き》った樹は弱くて、しかも、捩《ね》じれたり、割れたりする。

スウェーデンのジャボというログハウスメーカーは、丸太でハウスを作らない。丸太は、カナダ製が多い。ジャボの作るログハウスは、一本ずつ木の芯《しん》を左右に割って、二本の厚めの板を作る。これを積み重ねてログハウスにして、七〇〇年以上も続いている。海を渡って日本へ運んでも、狂いを生じない。捩じれないし、割れないし、細らないのだ。不思議であるが、真実は素晴らしい。

最近では、文明や科学が発展し、寒暖を凌《しの》ぐために、ペアガラスを窓に使用するようになった。これが、結露の予防や、防犯にまでつながる。その原型をフィンランドで見た。

フィンランドの冬は寒い。そこで、ドアに工夫がしてある。極寒の冬は、二枚のドアを小さな金具で合わせ、二重ドアとして使っている。夏場は涼しくするために、二重の接合を解いて、一枚を部屋の内側に固定し、もう一枚だけをドアとして使う。

仕掛けは実に簡単である。ホテルの宴会場や、昨今では山本の家庭でもよく見かけるが、仕切り壁やドアで部屋を狭くしたり広げたりするときに、天井部と床部にある穴に留め金を上下させて固定したり、動かしたりする、あの金具の一変形である。普段は、仕切り壁やドアの小口に収納されていて、邪魔にならない。

フィンランドでは、この金具を使って、二枚のドアを合わせ、寒さを凌いでいるのだ。窓にも、同じ工夫がされている。ペアガラスは、フィンランドを参考に発想された商品開発である。

品性を磨き、幸福を基準とし、国際正義を貫く

先進国の商品で、品質がいいものは数多いし、値段が高いものも数知れない。

長い間、「いいものはいい」として、先進国の商品を日本で普及させ、信用を高め、ファンを増やしてきた日本の会社でも、昨今、ひどい仕打ちに遭った事例が幾つもある。

そういう会社のブランド名を挙げれば、誰でも知っているが、長く輸入したり、契約を結んで親身の取引をしても、相手国の会社は、数々の制約を設け、自己主張をして、無理難題を押しつける。売れて儲《もう》かると判断した段階で、自前の販売会社を設立して、商品も、販売権も、すべて引き上げてしまうのである。長年の努力も、信頼関係も、何もあったものではない。先進国相手であっても、取引先をよく吟味する時期に来ている。

日本も、方々の国々に進出しているが、こんな馬鹿げたことをまねてはならない。自動車でも、ファッションでも、機械でも、同じようなことが起こっているが、それによって一時的には勝っても、消費者やお客様がその仕打ちを忘れないで、いつまでも覚えていたら、長い歴史の中で失敗だということになる。半分成功で、半分失敗だと考えがちであるが、本当は全部失敗である。

人間は、苦しい時期とか、創業のときは、全員が一致協力してやるものだ。それが本来の姿である。しかし、苦境を脱し、売り上げを増やし、多くのお客様を創り、利益が出るようになると、それを独り占めにしようとするものだ。人間の浅はかな、下手な情である。

中国春秋時代の政治家である范蠡《はんれい》は、「苦を共にすべきも楽を共にすべからず人物」と言ったが、それは当時から変わってはいない。こういう人間のおろかな局面は、洋の東西を問わず生きている。国益とか、企業益とか、屁《へ》理屈をどんなに言っても、人間の本性を見られたら終わりである。恥ずかしいことだ。

日本人が、ＥＵやアメリカのような先進国へ進出しても、発展途上のアジアに進出しても、人間の情、喜怒哀楽をまったく理解しようとせずに、単に科学や法律だけで支配しようとしたら、長続きしない。学問も、政治も、経済も、人間の幸福を阻害するようなものは短命に終わる。この鉄則こそ、グローバル時代に成功する一番の大事である。

「遊び」の変貌と戦略

レジャー産業における繁盛の視点

戦後の時の流れの概略は、先述したように、「食」から「衣」へ移り、「３Ｃ」と呼ばれる便利・快適商品に移って、爆発的に経済成長を遂げた。豊かになると、人は最も高額な「住」へ関心を持ち始めた。

やがて、住の次は、「人生を楽しむ時代」がやってくる。それは、人間社会の、全体の夢であり、願いである。

先に経済成長を果たしてきたEUは、地中海沿岸を開発し、コートダジュールをつくった。避寒地としても、避暑地としても大いに繁栄し続け、今に至っている。別荘地も、カジノも、レストランも、ホテルも、数々のスポーツイベントも、遊戯施設も、ここで発展した。アメリカでも、フロリダのロングビーチやカリフォルニアのリビエラの開発が進み、ディズニーランドをつくり、内陸部にはラスベガスを開いて、活況を呈している。このラスベガスと同じように、昨今、アジアのマカオに巨大なカジノや歓楽街が計画されている。日本は戦後の貧しい時代に、先進国を模倣して、ロングビーチと称する偽物をつくってきた。人間は、どんな苦境の時代でも、楽しむことを忘れない。結構、これが流行ったし、役目を果たしてきたことは確実である。

リゾートやレジャーで大事な視点は、いつでも、景気が悪くなったときには、真っ先に業績が落ち込む、いわばスタータ－であるということだ。これを忘れてはならない。また、逆に、景気がよくなったときには、最後に業績が回復するアンカーであることも承知していなければならない。

多くのレジャー会社やリゾート会社は、これがわかっていないので失敗する。施設に多くの金を投下し、不況時に足を引っ張られる。そのことには、いつでも注意しておくべきである。

長い不況が続くと、東京に近い熱海や、箱根や、軽井沢でも、街全体が疲弊する。特に、法人客の多い熱海は、客足が途絶《とだ》えて、閑古鳥が鳴き、倒れるホテルや遊戯施設も多い。

それは、法人客を主体に集めてきた街の特色である。少し考えればわかるが、法人は、不況や不振の気配が出た途端に号令をかけて、経費の削減を敢行する。社員旅行をやめ、忘年会も、新年会も、社長就任パーティーまで中止する。時には、リストラまで行い、生き残ることに努めるわけだ。これが法人客である。そこに焦点を合わせていたら、不況に弱い会社や街を築くことになる。

ところが、個人客は、不況ということで節約はしても、友人との旅行はやめないし、わが子の七・五・三や入学の祝いや、新婚旅行もやめない。

レジャーやリゾートの繁盛の視点は、こういうお客様の特色や個性をよく知って、事業経営に反映させることである。これを怠っては、事業は成り立たない。

もちろん、法人筋も大事である。それは、好況になれば、徐々に需要が戻ってきて、社員旅行にも、忘年会にも、新年会にも、お客様接待にも、金を使うからである。しかも、個人客よりも、派手に使うのだ。遊びや趣味は多様化し、老若男女の遊びの好みが変化している。

二〇年前までは麻雀をやる人が多かったが、今は、少なくなった。

ゴルフは、料金の面で離れていたお客様が、好況とともに戻ってきた。しかも、高い入会金を払ってメンバーにならなくても、プレイを楽しめるようになった。それは、外資が多くのゴルフ場を安く買い取って、運営会社にマネジメントを任せるようになって、急変したからである。

運営を任された会社は、サービスがいい。ゴルフクラブも、ウエアも、お土産品も、大量に仕入れて安く売る。ゴルフ場そのものの手入れもよくなって、プレイヤーは安心してクラブライフを楽しめるようになった。時には、アメリカのリゾート地のように、ゴルフ場の中や、すぐ近くに別荘地の開発まで行うようになってきた。安くて、しかも楽しめる、新しいタイプのリゾート開発である。

私も、東京郊外にあるゴルフ場の理事長をやっているが、事情は昔とはだいぶ異なってきた。これからのゴルフ場経営は、アメリカやヨーロッパの経営のやり方を大いに参考にしないと、変貌《へんぼう》に追随できなくなる。

「繰り返し」が繁盛の決め手

日本人は、よく働いた。少し時間を費やして遊ぶと、人生を楽しむというよりも、怠けてしまったと思ったり、反省したりする人が多かった。しかし、この頃では、そういう人種が少なくなった。人生を楽しむ時代だ。

遊ぶのに老若男女で差異があることを、知っておいてもらいたい。今頃の老人は、雑誌『いきいき』を読む。健康に注意し、はつらつと生きたいと願い、人生を楽しむことに金を使う。

金持ちの老人は、海外旅行でも、パリ・ロンドン・ローマや、ニューヨーク・ロサンゼルスといった月並みな目抜き通りを、一泊ずつして回るというような忙しいスケジュールの旅行はしない。よい町を選び、一カ所に三泊も四泊もしながら、旅行を楽しむように変化している。

行くときには、医者と相談し、カルテを持ち、薬を持って、いつでもホームドクターに連絡できるようにしている。豪華な客船の旅も満杯状態で、旅を本当に楽しむようになってきた。

ヘルスクラブが流行し、トレッキング・グッズが売れ、エステブームである。クアハウスやスーパー銭湯や、温泉に行く元気老人も増え、特に、女性の中高年や老人が遊んでいる。女性のゴルファーも増えたし、ガーデニングに熱中する女性も多い。

若い層の遊びは、スポーツ一つをとっても、ゴルフ、釣り、テニス、サッカー……と、分散している。遊びやスポーツは、楽しくて有望な事業である。

レジャーや遊びの商売で大事なことは、お客様に繰り返し、繰り返し、何度でも施設やサービスを利用していただくことである。しかも、それを人為的に、意図して戦略化しなければならない。偶然の繁盛では意味がない。成功は、いつでも必然で、偶然の成功は幾度も期待できないからだ。これまで、繰り返さないために失敗した、幾つもの実例を見てきた。繰り返すという仕組みができていない。

京都は、巨大な、世界でも稀有《けう》の寺町である。神社仏閣が幾百となくあって、日本人は、小学生や中学生の頃から修学旅行などで、京都や奈良を訪れる。これは予備軍で、大人になってからも、幾度となく訪れるようになる。

神社仏閣を訪ねても、一度にせいぜい四、五カ所しか回れないし、詳しく説明も受けられない。歴史好きの日本人は、一度の見物をきっかけに、京都へ何度も詣《もう》でる。京都は、平安の昔から、こういう繰り返しが起こって栄えてきた。繰り返さないものは、決して安定しないのだ。

安定とは、同じお客様に、三年でも、五年でも、一〇年でも、五〇年でも、一〇〇年でも、売っている商品やサービスを買っていただくことである。これ以外の安定など、決してない。これが安定の哲理である。

レジャー産業などの失敗で最も多いのは、この哲理を知らず、一過性のお客様を主体とすることである。間違ってはならない。

本州と四国を結ぶ本四架橋は、人々の夢や期待を乗せて、三本も造られた。当時、この他にも、さまざまな施設が造られたが、京都のように、お客様に繰り返し来てもらえないので、期待はずれに終わったものが多い。

日光の江戸村も、長崎のハウステンボスも、期待どおりに運営できているとはいえない。繰り返さないのだ。北九州の八幡に建設されたスペースワールドは、宇宙がテーマであるが、一度見たら、誰も二度と行かない。中身が同じだからだ。これでは、まったくの無戦略であると言わざるをえない。

ディズニーランドは進化して、今ではディズニーリゾートと呼ばれているが、優れたプロデューサーが次々にイベントを仕掛けている。アトラクションだけでも四〇近くある。お客様は、一度行っても、せいぜい四つ、五つのアトラクションや乗り物しか楽しめない。混んでいるのだ。だから、幾度も足を運ぶ。

このディズニーに、競争相手が上陸してきた。ＵＳＪ（ユニバーサル・スタジオ・ジャパン）である。ＵＳＪは、映画のセットがモチーフのテーマパークである。「ジュラシック・パーク」や「パイレーツ・オブ・カリビアン」など、有名で人気の高い映画のセットが、次々に持ち込まれる。

一方のディズニーは、さらなる増客のために新しい開発計画を立て、成功している。海をテーマにした「ディズニーシー」では大人の雰囲気で別の客層に訴え、ショッピングモールの「イクスピアリ」ではパーク内に入らなくてもショッピングや映画が楽しめる。

他にも、直営のホテルをつくって、全体をディズニーリゾートと呼んでいる。それまで、年間一五〇〇万人から一七〇〇万人の来場者であったが、一気に二七〇〇万人にまで達するようになった。

一過性のものは、何の商売でも厳しい。特に、大きな投資を行うことになるレジャーやリゾート開発は、一種の施設産業であるから、繰り返し、繰り返し、幾年も、同じお客様に可愛《かわい》がっていただくことを忘れてはならない。

これから繁盛するレジャーやリゾートのジャンルには、次のような事業や商品展開がある。

スーパー銭湯、豪華客船、スポーツエステ、釣り、新素材ゴルフ用品、アウトドアファッション、ウオーキンググッズ、スノーボード場、カーリング場、スケートリンク、ガーデニングと温室、サッカー関連、ゲーム機器とゲームセンター……など、数多い。

楽しさ、若さ、健康、美しさ、アウトドア、海外化、セミプロ化、自然、リラクゼーション、一流、教養……といったイメージ・コンセプトが主流となる。

スポーツ関連では、上達度に合わせて対象を幾つかに区分し、他社にはない独自の、きめ細かなサービスを提供することが大事である。いわば、幼稚園生から小学生、中学生、高校生、大学生というように、能力別に教育カリキュラムを作成し、お客様のレベルや需要に合わせて、段階的にプログラムを提供する。初級→中級→上級→セミプロというように、意図的に繰り返すシステムをつくり出すことが、繁盛や安定の決め手となる。そのためには、リーダー・トレーナーの養成や、レッスンプロの採用や、カウンヤリング能力の高い人材の配置を心がけなければならない。

成功をデザインする

独創的な新商品は一人の狂人がつくる

　さまざまな新事業の開発や、新商品開発の現場に立ち会うが、その成功のほとんどの場面で感じることがある。それは、最終決定を会議に頼ってはいけないということだ。会議というものは、公平や平均や多数を見るときに最適である。多くの会議は、画期的なことや、爆発的なことや、非常識的なことには、まったく向かない。

　画期的で、独創的な事業や商品を開発したいときには、多数の意見を聞くよりも、優秀な感性型の人材を選び、たった一人の人間に任せることを推したい。

　その一人の人間に、寝ても覚めても、そのことしか考えたり、感じたりしない、集中して熱中することを要求する。つまり、一人の狂人をつくるわけである。

　そうすることによって、目に見えないようなものが見えたり、ひらめいたり、直観できたりするようになる。ついには、神仏に祈るようになると、アイデアがこんこんと湧《わ》き出てくる。

車の開発現場に立ち会うと、そういう狂人が一人で、あらゆる車のデザインを集めて研究し、心血を注いで設計していた。

少し丸みのある車のフォルムが、女性の身体に似ていて、色気まで感じるほどの素晴らしさであった。特に、テールが丸く絞ってあった。

ところが、その狂人が、重役会議で説明し終わった途端に、複数の役員が、「丸みを帯びると小さく見える。もう少し鋭角をつけてくれ」と、注文を出した。確かに、角張ると大きく見える。結局、アメリカの車のように翼を広げたデザインが、会議で決まったが、何の面白さも、斬新さも、洗練されたところもない車に改悪されてしまって、私も、担当した狂人も会社を去ったことがある。会議で決定することには、画期的なものはないし、できない。

直線にも、曲線にも、その時代時代に用いられる流行がある。直線に洗練を感じる時代が長く続くと、次の時代には、直線を見飽きた人が、必ず、曲線に洗練や優雅を感じるものだ。

「売れる」デザインの基本を熟知する

意匠や設計を描くことを、デザインするといっている。

デザインの基本は、色と、形と、素材で成り立っている。後は、機能性や性能を加えるだけで、決定的となる。売れる、売れないが決まるわけである。

色には、赤・青・黄の三原色がある。光の三原色は少し異なっているが、赤と、緑と、青紫である。三原色の配合によって、さまざまな色がつくり出される。

実際に売れる商品を作り上げるときには温度差があって、暖色と寒色のどちらを使うか、決めなければならない。また、明度も彩度もあって、派手とか地味な感じとかいう仕上がりの要望をとらえて、色を決める。

風邪を引いているときには、暖色系を身につけるとよい。下着も、シーツも、枕《まくら》カバーに至るまで、暖色系を用いたほうが治りは早い。冬には、基本的に暖色系が売れる。

好況時には、派手な服も気にならないが、不況になると、男性の服は黒っぽくなる。派手で目立つ色を、自然に嫌ってしまうのだ。心の余裕は、色の明度や彩度にまで影響を与える。

線には直線と曲線があり、それによってできる基本形は、円と三角である。また、自然界には、固体と、液体と、気体しかない。

家を造るときに、曲線を使うと心が和む。感覚の問題である。和風の素材である木材は、直線によく合う。円を組むことが難しい素材であるし、高く組み上げることも難しい。

しかし、石の文化である西洋の建築物は、円形を作ることもやさしいし、高く積み上げることも、そんなに難問ではなかった。重い石で円や三角をふんだんに象《かたど》った高層建築が西洋には多いが、日本には少ない。

文化の違いというが、素材の違いが主である。昨今、コンクリートを建材として使うようになって、日本でも円形を用いた建物をよく見るようになった。

ただし、私の自宅は、オール木造でありながら、一部に直径四間半の円形の部屋がある。稀有な建物だ。扉も、上部が随所で円くなっている。この工法は、非常に難しかったが、奈良県の集成材メーカーに、一級建築士である朝田幸雄さんが発注してくれた。梁《はり》一つでも、慣性をつけるために、三カ月間も木材を円形の型にはめてもらった。

木造で、真円は本当に珍しい。八角形とか、六角形はあるが、円形は作りにくい。玄関の扉も、曲線にデザインしたものをはめ込んだ。和風なのに、どこか柔らかみがある家になっていて、人気がある。

商品には、根本的に、大小とか、長短という形がある。さらに、軽重とか、本物を作るか、偽物を作るかということもある。集成材の柱や床は偽物だが、本物の木の柱や板より強度が高い。見栄えもいい。普及している床暖房の資材としても適している。新素材は繁栄を築く。素材を吟味する時代だ。

新素材は商売の源泉

千葉の茂原《もばら》にあるオープン前のゴルフ場で、三〇人くらいの社長仲間と一緒に、筍《たけのこ》やタラの芽を採って、山菜パーティーをやった。採り立ての山菜をその場で天麩羅《てんぷら》にし、赤ワインを飲みながら、舌鼓を打った。

テントの中だったが、野外で小雨が降っていたので、マルサニットの佐藤貴之社長に、洒落た白いレインコートをもらって着ていた。ところが、何を狂ったか、佐藤さんは、私の白いレインコートに向かって、グラスに入った赤ワインをバーッと掛けたのだ。全員が見ている前だったので、ワーッという悲鳴のような声が一斉にあがった。

赤いワインは、白いレインコートに一瞬留まって、たちまち、丸い赤い玉となって落ちた。まるで手品のようだった。

レインコートは、元どおりの純白のままで、何の変化もなかった。みんなが、すぐにレインコートを触りに集まったことは、言うまでもない。佐藤さんは、少しも狂ってはいなかった。見事なパフォーマンスで、新素材の威力を全員にアピールしたのである。

素材そのものが、水分を完璧《かんぺき》に弾く一方で、通気性抜群なのである。雨の日のゴルフウエアには最適である。軽くて、蒸れない。ビニールやナイロンとはまったく異質のものだ。純綿であった。

佐藤さんは、その後、この素材で幼児や子供向けのファッション服や、スポーツウエアを作って、グッドデザイン賞をいただいた。しかも、この素材はアトピー性の皮膚炎によく効く。私の孫がアレルギー性の体質であったが、この素材を使ったパジャマを着用して、わずか一カ月で体質改善に成功した。長年、苦しんできたが、まるで夢のように治った。

私は、子供のころから絵を描《か》くのが大好きだった。小学校時代も、中学・高校時代も、大学時代も、社会人になってからも、よく描いた。

油絵の具が一番好きだが、速乾性がない。長いこと乾かないので、並行して何枚ものキャンバスに向かって描く。忙しいので、筆が進まない。

ところが、もう二〇年以上も前になるが、実に便利な絵の具を見つけた。それは、アクリルを原材料にしたものだ。すぐに乾いて、描きやすい。これが、昨今では、もっと改良されて、非常に使いやすくなった。新しい油性絵の具である。

絵の具だけではない。樹脂系のペイントは、水や雨に強いので、機械や家の塗装に使用される。水で溶いて、乾くと水洗や風雨にも剝《は》げない。

住宅の外壁にモルタルを塗ることが流行っているが、このモルタルの欠点は、月日がたつにつれて、クラッカーが入ることである。しかし、最後の仕上げに樹脂系の吹きつけをやると、下地にどんなクラッカーが入っても、表面は弾力性があるので、それが見えない。旭化成の商品であった。

新素材は、商売の源泉であるが、もっと普及させるために、用途の宣伝をすべきだ。

絶えざるイノベーションを続ける

新素材や、新性能や、新機能というものは、そのほとんどが、まず用途が求められて、初めて誕生するものである。必要に迫られて生まれるものだ。原型がそこにありながら、実際に役立たせたり、利用するまでに長い時間がかかる。それが普通である。

どの分野でも、欠点や不便を補うために、新しい素材や性能や機能をつくり出すのだ。

ゴルフ道具・テニスラケット、住宅資材、自動車や機械の性能・機能には、新しいものが目白押しである。

住宅はサッシが登場して以降、雨戸が急減し、縁側がなくなり、障子が売れなくなった。資材や素材の異なったものが新しく登場し、人間の感覚や生活様式まで変わってきた。畳もだいぶ変わってきた。畳表に本物の藺草《いぐさ》を使うのではなく、ビニールの紐《ひも》を藺草状に編んだものが人気を博している。ビニールは色落ちしないし、ダニやカビが発生しない。肌触りもいいし、畳床に藁《わら》を使用していないので重くないし、清潔感があるのだ。

畳だけではない。住宅には、板の間が増えた。そして、絨緞《じゅうたん》を敷くようになった。この敷物が変わってきたのだ。

タイルのように四角に切断されたカーペットが売れている。室内でペットを飼っても、家庭で洗濯が簡単にできる。また、小さくカットしてあるので、汚れた部分だけの交換も可能だ。中には、部屋全体を模様に見立ててデザインし、タイル状の色を組み合わせる工夫や楽しみを、日本絨氈《じゅうたん》の池崎博之社長は「売り」にしている。人気の高い商品である。

さらに、ホテルのように、一枚の絨緞を独自のデザインで織って、わが家のオリジナルを主張することも、格安にできるようになった。印刷のオンデマンドに似て、大量生産ではなく、小ロットの生産に対応できる仕組みが人気である。

自動車では、さまざまな変化が起こっている。

ボディの素材に、アルミを使う車が急増している。軽いので、燃費が安くて済む。衝突してボディが凹《へこ》んでも、叩き出して修理することはほとんどしない。パーツのように、その部分だけを取り替える。便利である。実は、私の車のボディもアルミである。

アルミ以外では、FRP（繊維強化プラスチック）のボディもある。プレスのコストが大幅に削減できるので、これからは、小ロットの手作り自動車に重宝されている。フランスやイギリスでは、スポーツカーの開発に、アルミやFRPなどの新素材が盛んに用いられている。

素材が変化すると、既存の素材がまったく売れなくなることも起こる。また、石油資源が高騰し、これに対応する意味でも、新素材の開発が盛んになった。新しい素材や性能・機能の変貌には、注意を怠ってはならない。

強く必要とされる事業の創り方

衣食住の営みは、人類が、この世に誕生して以来、ずっと続いてきた。

少しずつ変化はしても、有史以来続いてきたということは、これから先も人類が生存する限り続くに違いない。それは保証できる。

衣食住の外にも、交通機器も、情報機器も、まったく存在しなかったという時代はない。少しずつ変貌してきただけである。これから、人々が混じり合い、異なった生活慣習や異文化が入ってきても、それらが廃れて、なくなってしまうことはない。

和服を着る人が少なくなって、洋服にシフトすることは起こる。和食ではなく、三食ともイタリアンを食べるという人も、多くなるに違いない。仕まいだって、洋風化するが、住む家をなくしてしまうことはない。変貌するだけである。

私自身、出版事業や、印刷事業を営んでいるが、それは、これらの事業は、私が創業する数百年も前から続いてきたし、これからも、決して消えてなくならないからだ。それでも、大きな変貌が幾つも起こった。今は、文選工も、和文タイピストもいないし、活版印刷機も、写植機も捨てた。イノベーションとは、過去を捨てることだと割り切って、変化を乗り越えてきたわけである。

長く存在してきた産業の分野は、長く、強く、人々に必要とされてきたから、死なずに生きてきたわけである。そういう視点を持って事業を診《み》ると、実に多くの、存在価値の高い事業がある。しかも、少し改良するだけで、躍進が期待できるものが多い。

まず、欠点・不便は、全分野に起こることだ。値段が高い、重すぎる、大きすぎる、遅い、不鮮明だ、野暮ったい、持ちにくい……枚挙に暇《いとま》がないほどである。そして、これらのすべてが事業の起源となる。つまり、宝庫なのだ。

原幸一郎氏は、若い頃ラグビーの選手だった。アメリカに遊学し、帰国するのが少し遅れた。友人が多かったので、よく贈り物を頂戴《ちょうだい》する。マンションに一人暮らしで留守勝ちだったので、受け取るのに時差があり、生鮮物を腐らせてしまうことがたびたびだった。ある日、駅のコインロッカーに荷物を預けたときに、ひらめいた。古いコインロッカーを買って、マンションに置けば、自分と同じように困っていた人たちが、喜んでくれるに違いない。これから先は、実行力の問題である。

思ったとおり、マンションの宅配ロッカーは爆発的な人気を博し、瞬く間に流行った。新品を設置し、改良に改良を重ね、冷蔵も可能にし、コンピュータで制御するようにした。宅配ロッカーの前に立つと、すぐ背中から声が掛かり、「どうしました」と尋ねるようにした。利用者が、「三〇三号室の牟田です」と答えると、「ただ今、開けます」と言って、キーが手元になくても、顔をモニター画面で見ただけで、対応してくれる。

自宅専用の宅配ロッカーは、今時のマンションの標準装備になっている。ゴルフ道具や、嵩張《かさば》る荷物の受け取りや発送には、サイズの大きいロッカーが用意されるようになった。

「フルタイムシステム」という社名である。

事業の多くは、新しい用途の開発である。そして、絶えざる改良・改善を行い、「お客様に強く必要とされることにチャレンジする」ことこそ、長く生き続け、大きく発展できる哲理である。

本質をつかみ取る感性を養う

倉庫が売れ筋商品を教えてくれる

多くの事業が、商品を販売ネットに流通させて売っている。
食も、衣も、住も、家電や自動車も、書籍も、さまざまな日用品も、娯楽品も、流通ネットに乗せて売ることが多い。

年中、メーカーの商品開発の方々から相談を受け、小売業の方々には、「他社で今、売れているものは何か。これから売れるものを先取りして仕入れたい」と、尋ねられる。

時には、明らかに売れそうにない商品を、「これは、きっと売れますよ」と、社長に同意を強制されたり、判断を迫られたりする。しかし、「きっと」と言うのは、社長の願いに過ぎない。売れないことで、社長も、開発担当者も残念な思いをする。

だから、商品を販売ネットに流すときには、必ず、注意することがある。それは、「商品を扱っている問屋の倉庫や小売りの現場へ行くこと」である。ビデオも用意する。

ホームセンターの倉庫は広い。そこを訪ねると、見尽くすのに一日も、二日もかかる。人情をよく知っている人は、倉庫の担当長に豪華なお土産を用意する。普通の社員にも用意する。これが少ないと無理が利かない。無理を言っても聞いてくれるようなものを差し上げて、「今日一日、あなたに倉庫を案内していただきたい」と伝える。成否はお土産で決まる。

商品ジャンルは、ものすごく多い。しかし、「この正面の棚にある多くのアイテムの中で、今、売れているものを五つ教えて欲しい」と頼むと、「Aと、Dと、Hと、Nと、Wの五つです」という具合になる。

「なぜ、これらがよく売れているのですか」という質問に対して、「材料が軽い、色がよい、天板が大きい、値段が安い」などの売れ筋の理由が返ってくる。まる一日、二日もかかっても、倉庫の全商品や、自社の商品ジャンルを、隈《くま》なく当たると、現時点で、なぜそれが売れているか、よく理解でき、これからの傾向もつかめる。

現場主義こそ、最も大事な姿勢である。金属商品でも、木製品でも、プラスチック商品でも、すべて同じことである。

事業の根幹となる商品をヒットさせたり、事業の繁栄を願うのであれば、机の上で考えたり、自社の中に閉じこもっていては、革命的なことは起こらない。事業の成功確率が高いのは、今、売れているものは何だろうという素朴な、しかし、当然の疑問からスタートすることだ。しかも、現場こそ宝庫である。

ホームセンターや問屋の倉庫は、売れるも、売れないも、すべて教えてくれる。

定点観測のすすめ

事業を起こしたいと、熱く燃えている人は、何を見ても、どこへ行っても、自分が創業したいという強い目的意識を持っているがゆえに、すべてが参考になるものだ。強い思い込みは、スタート時に、特に大事な成功の要素である。

東京の駒込駅の近くに、「霜降り銀座」と呼ばれている下町の商店街がある。この商店街の中央部に、サカガミというスーパーマーケットがある。

霜降り銀座は、御徒町《おかちまち》のアメヤ横丁のような風情で、人通りはすごく多い。サカガミのほとんどのお客様は、山の手から足を延ばして、晩のおかずや食材を買い求めに来ている。溢《あふ》れるような人だかりであるから、サカガミは大繁盛している。しかし、この店の前に、かつて駐車場だった広いスペースが空いていたので、社長は、ここを利用して、何か新しい事業をやってもっと儲《もう》けたいと、長い間、考えていた。

思いついた事業は、原宿にあるようなファッション関連の貸しビルである。兄弟のように仲のよい行徳哲男氏に、サカガミの社長を紹介されたのは、瀟洒《しょうしゃ》なビルを建てて一年目の秋だった。

そのビルは、前面にシースルーのエレベーターが見えて、下町のゴミゴミした風情にはまったく不似合いである。紹介されてすぐに、社長は、「原宿を駒込に持ってきたかった」という旨を話された。実際に、原宿で、当時、流行っていたファッションの店が、幾つもテナントとして入ってくれた。しかし、一年たち、一年半たつと、それらの店は次々と撤退してしまい、ついには建築代金が払えず、持ち出しになるというのである。

私は、社長を直接説得することにした。丁度、このビルの斜め前方に喫茶店があったので、まず、定点観測をすることにした。

どこの街の住人も、冬場の夕食の支度のピークは、午後の三時半頃から五時半頃までの、わずか二時間である。北海道と沖縄では、日没の関係で、北海道のほうが一時間早い。それでも、たった一時間の時差があるだけだ。だから、この二時間だけ、二日間にわたって、街を歩いている人々を、社長と一緒に観測した。

社長は、すぐにわかってくれた。スーパーのビニール袋を提げた人や、買い物籠《かご》を提げた主婦ばかりが、大勢歩いていたのだ。着飾って、流行の洋服を買いに行くような人は、「一〇〇人に一人もいない」と、当の社長が言った。

そこで、このビルの経営をどう変えてしまうか、検討することにした。新しくプランを作り直すわけだが、このビルをできるだけそのまま利用しなければ意味がない。

その結果、新しいタイプのグループ診療所を、ここに設けることにした。最上階の五階に内科を入れる。四階には外科、三階に小児科、二階には眼科とレントゲン室をはじめいろいろな医療機器を置き、一階に薬局とメガネ店、地下一階には、老人のためのペインクリニックや循環器系を置く。

通常、若い医師が、ここ東京二三区内で開業するには、二億円もかかるといわれている。

設備がある程度用意されていて、開業費用が五分の一くらいで済むというので、このグループ診療所は、すぐに満杯になった。

近所の山の手に住んでいる大勢の人たちが、風邪を引いても、腰痛を起こしても、軽い病気はここを利用するようになった。入院を要しない病気は、第一次商圏である。患者は、半径五〇〇メートルの商圏にいて、総合病院のようなグループ診療所があれば、これほど便利なことはない。それが、プランの骨子であった。

その後、サカガミには、順調に家賃収入が入ったことは言うまでもない。


私の友人に、高島健一さんという人がいるが、この人は、今、繁盛している店や、事業や、ＩＴ関連にめっぽう詳しい。

東京圏の大繁盛している店や話題のスポットを、社長たちを連れて案内してもらうが、バスを一台チャーターしても、すぐに満杯になってしまうほどである。「社長のめしの種探検隊」である。時には、海外にまで足を延ばす。

東京に限らず、地方にも、たくさんの繁盛店が存在しているが、なぜそこが流行っているか、プロの目で解説してもらうと本当に参考になる。

立地も大事だし、売っている商品の独自性が決め手という店もある。中には、サービスや店員に特異性があったり、個々の戦略が優れている場合もあるわけだが、これらは実際に探検隊を組んで訪ねたり、ウオッチングしなければ、理解できないことだ。現場主義に徹すれば、先見性も養われる。

見て、触って、経験しないと、真実、わからないことが多い。自ら進んで探検隊に参加し、他人《ひと》より先に的確な情報を取得することが、新事業の開発では何よりも大切である。

ライバルのカタログは宝の山

競争相手のカタログは、最高の教材である。

指導先の社長には、机の下にダンボールの箱を用意し、ライバルのカタログ類や販促用のDVDを集めてもらっている。整理は三カ月に一回程度しかやらないが、これが勉強になる。

競争相手が、一年も、二年も、三年も、同じ事業や商品や技術やサービスを、カタログに載せていれば、それは、大概、載せるだけの価値があるからだと判断すべきである。つまり、売れているから、利益が出ているから載せ続けているわけだ。まず、時系列でカタログを覗《のぞ》くべきである。

しかも、新しい事業や、新商品などが紹介されていることも多いのだ。同業の会社が、まったく同じような業種・業態で多角化を進めているが、それは不思議なことでも何でもない。互いに同業他社のカタログを集め、経営を分析しているからに他ならない。

多角化する場合、そうしたほうが成功の確率が高い。それは、敵の実験を診て、実証済みの証《あかし》を得ているからだ。失敗が少なく、都合がよいわけである。また、時には、相乗効果があることもうかがえる。

戦略を考える力が少ない社長は、やり方を模倣しても、乗り遅れないように、敵のカタログを学ぶべきである。

ただ、注意すべきことがある。それは、今、書いた「模倣」ということである。敵のカタログの中身を見て、単なる模倣をしただけでは、本当に強い会社は創れない。カタログの中には、画期的なものはないし、独創的なものもないからだ。それが注意点である。真実、新事業や新商品を成功させたり、新戦略を躬行《きゅうこう》しようと願うならば、敵を知ったうえで、さらに独創的なものを生み出すことが肝心である。

今では昔話のようになってしまい、何となく恥を晒《さら》すような気分になるが、正直に言うと、戦後の日本経済の復興にとって、先進諸国が開催してくれた「見本市」というものが、どれほど役に立ってくれたか計り知れないものがある。

大阪の機械工具メーカーの社長と一緒に、ドイツのハノーバーメッセや、ミラノの国際見本市や、シカゴの工作機械見本市に、一〇回くらい同行した。各見本市とも、一週間以上も滞在して、新しい商品や新しい事業のチャンスを探し回った。

どこでも、会場が余りにも大きいので、一日目はほとんど概要を知るために歩いた。二日目からは、ポイントを絞って商談を行った。

しかし、最初に行ったハノーバーメッセでは、規模が大きすぎて、社長と二人でカタログを集めて日本へ送るだけで精一杯だった。まるで、にわかに上京した田舎者《いなか》のような気分になったが、トランクを買ってきて、カタログを詰め込み、日本へせっせと送った。その数、トランク一〇杯以上である。思えば、丁度、今時の中国や、少し前の韓国や台湾のように貪欲《どんよく》で、やる気に満ちていた時代である。

その当時の一、二年が、実は一番勉強になった。恥も、外聞もなかった。こういうことは、今ではしないが、日本へ帰国して、トランクを開け、カタログの中身を一々分析し、改良・改善を加えて、新商品を次々と世の中に送った時代だった。

私と同行したこの社長は、一〇年ほどの間に、売り上げが六〇倍ほどになった。見本市視察が、成長の大要因になったことは言うまでもない。

見本市はオープンで、誰にでも見せてくれたが、そのうち、会社によっては、「日本人にはまねされるから見せない」とまで言われるようになった。今、中国や韓国やアジアの国々の貪欲さを見ていると、はるかに遠い過去の日本を見ているような気がしてならない。

こういうふてぶてしい時代を経て、日本人はあらゆるものを改良・改善し、新しい商品を創造した。その間、日本の数々の商品はバッシングされ、エコノミックアニマルだと罵《のの》しられてきた。

それらを凌いできたのは、その後の商品が、先進国のどの商品よりも品質が高く、性能が優れ、値段が安かったからである。時計も、カメラも、工作機械も、家電製品も、自動車……も、である。

奇跡のような成長が始まったその起源は、見本市や博覧会で、最先端のものを見たからである。

見本市の多くは、テーマが設けられている。中には、総合見本市もあるが、「デザイン・フェスタ」「ワールド・トラベル・マーケット」「国際食品見本市」「オートサービス見本市」「医療機器見本市」「機械工業技術見本市」「ブックフェア」「ギフトショー」「店舗のトータル展示会」「ゲームショー」「モーターショー」「リフォームノェア」「ロボット展」「エコプロダクト展」というように、一年中、世界各国で開催されているが、今でも業界の最先端を見ることができる。未来繁栄のための宝庫として、見逃してはならない。

謀を巡らす

戦略とは、もともと敵が存在しているから生まれた言葉であり、戦いに勝つための方向性や、戦い方のことである。

謀《はかりごと》の臭《にお》いが、多分に含まれている。

概して、日本人は謀を巡らすことに罪を感じたり、不得手な人が多いように思えてならない。平和な風土で育ち、平和な性格であるからだ。

しかし、これからは、今までとは違う時代が急速にやってくる。競争に対する自覚が足りないと思う。

これまでは、競争相手がどんな商品を開発し、どんな営業を展開しているか、無頓着《むとんちゃく》で済んだ。ライバルが市場に配った販促用品や、カタログを集める必要もなかった。対抗策を講じなくても、何ともなかった。

現実に、日本では、ライバルの事業内容や、商品、値段、客層、品質、デザイン、機能、性能、サービス……を、細部にわたって自社と比較検討している会社は、ごく一部に過ぎない。激しく競い合っている敵の店へ、社員も行かないという会社も多い。しかし、それはもう昔のことである。

外国に対しても、国内のライバルに対しても、自由競争を選ぶことを決め、公表し、誓ったのである。ルールやシステムが、「日本だけは別だ」というアンフェアは、許されないのだ。世界中と同じようにしなければならないということである。同じ土俵に立って、激しい競争をすることを、真から理解すべきである。

ライバルのさまざまな動きを、ジーッと観《み》て、謀に満ちた戦略を立案することが盛衰を決めてしまう。そのときが来ているのだ。

「変化するもの」「変化しないもの」を見極める

事業も、商品も、サービスも、競争に勝つために進化させ、ライバル他社と差別化をしてきた。生き残って繁栄している会社は、すべて戦略に満ちている。

テレビは、白黒のブラウン管からスタートして、今では液晶やプラズマに変貌した。デジタルになり、映像の美しさも、目を見張るほどに進化した。形も超薄型になった。電話も、一家に一台のダイヤル式の黒電話から始まり、今では個人が携帯するようになって、多用途の情報機器に変身してしまった。

自動車も、飛行機も、船舶も、スタート時に比べると、そのスピードや、安全性や、居住性の進化は凄《すさ》まじい。

人類にとって、これらがすべてよいとか、正義に満ちているとは限らないが、驚異的な速度で進化し、変貌してきたことは事実である。こういう時の流れは、誰も止めることができない確実な流れである。変貌を先見し、把握し、チャレンジし、自ら住みよい世の中を築く以外にない。

物質も、機械も、いわば科学の産物であるから、過去を否定し、変化させ、進化させ、イノベーションを起こすのが必然である。

日本人は、第二次大戦と戦後の交易を通して異文明の機器に触れ、急速に目覚めた。それまで、洗濯板を使い、固形の石鹼《せっけん》で衣類を洗っていたが、電気洗濯機を見て驚き、それを分解し、改良し、粉石鹼を用い、品質も、機能性も、性能も、さらに高いものを作り出した。

これが典型で、日本の国際化は、目に見える「物」の商品化から始まっている。カメラも、時計も、自動車も、電車も、コンピュータも、その他の機械も……同様である。

私たちは、今ではベッドに寝て、スーパーマーケットで買い物をし、フォークやナイフを使い、パンや肉を食べ、背広を着て、靴を履き、何の不自然さも感じてはいない。

むしろ、日本人が和服を着て、下駄を履くのを見て珍しがったり、奇異に感じたりしている。

日本人は、こういった「物質や機械」に対する変化を創造し、国際化には大成功したといえる。

しかし、文化については、目下、進行中である。まず、語学、つまり言葉は未《いま》だ国際化していない。文化とは、文明が「科学」に象徴されるのと異なって、「情」で成り立つものである。

文化勲章というものがある。これは、科学者のためのものではない。ましてや、政治家や、スポーツマンのためのものでもない。

広く芸術を中心に、情を描いた画家や、情を音にした音楽家や、感動を書いた作家など、文化に貢献した人が授かるものである。

文化とは、五感に訴える「芸術」を指している。多くは、美や、幸福の追求であるが、わかりやすく言えば、五感に訴える情、すなわち「喜怒哀楽」の表現である。

人間の情は、時を超えても変化することがない。文明のように、進化し、変貌することがない。不変が哲理である。これを誤解し、間違わないで欲しい。

映画や、芝居や、小説など、情を伝える媒体としての科学は変わっても、情そのものは今昔を超えて変わらない。情が伝わって感じ取ると、今も、泣いたり、悲しんだりしているではないか。

文化は、不変の哲学、不変の情の勉強こそ大事である。

文明は、いわば科学であり、情である文化とは、本質的に異なる。文明の利器はすべて、イノベーションを起こし、過去を捨て、常に最先端でなければ生き残ることができない。

しかし、いわば情である文化の領域が、今、急速に企業に入ってきている。それがわからない人が多い。色の研究をしたり、音を取り入れたり、匂《にお》いを醸したり、感動を喚起したりすることで、商品が売れ、お客様に好かれる。多くの事業は、商品も、サービスも、お客様に嫌われて繁盛することなどは、一切ない。

文明と文化の次に、これから私たちは、「ルール」や「システム」の変貌と、その導入を体験する。それは、異論を挟まない。地球が一つになる過程の試練である。

人類が、これからも豊かに、幸福に暮らすための秩序に近いものが入ってくる。それは、旧来の枠組みを超えたものである。大変貌である。

税の仕組み、会社の制度、金融制度をはじめ、雇用のシステム、人事の制度、知的所有権、環境の改善、政治と選挙制度、危機と管理システム、数々の苦難と救済制度、エネルギーの供給システム、食糧難と地球人口増加への対応策、資本主義の維持……など、日本は旧来からの国のカテゴリーを超えて、新しい世界を見つめなければならなくなる。

言葉も、習慣も、民族の壁も超えて、エゴを捨て、犠牲を払っても、新しい秩序を創造し、前に進んで行かなければならない。成功法も、繁盛法も大変貌する。

Unlimited Strategies
The evolving role of the president

3章

規模を追求する「覇道」質を追求する「王道」

「覇道」の思想

「規模を大きくする経営」と「質を高める経営」

事業というものは、社長自身が、どういう会社を創りたいかで決定される。

規模を大きくしたいのか、質を高めたいのか、また、その両方なのかを明確にしなければならない。量や規模を追求するのを「覇道」、質を追求するのを「王道」と私は定義している。わかりやすい例を挙げれば、ダイエーは覇道、キーエンスは王道の代表であると思う。キヤノンはその両方、という具合である。

これら、覇道か、王道か、はたまたその両方かを社長自身がしっかりと決めなければ、ダラダラと経営し、思い込みが弱くなって、念願は達成できない。こういう方向性の決定は、社長だけの、固有の考え方だけに、社長自身が強い思想を持つことが、念願を叶《かな》える必須《ひっす》の条件となる。

私は仕事柄、長い間、社長の職にある人や政治家を友人やお客様にしてきた。日本で一番多く、成功者たちに会ってきたと思っている。

現在、幾兆円も売っているような会社もあるが、ここでは、もっと身近な経営者を紹介したい。今、ステーキ業界で日本一になっている「ステーキのどん」などを展開する株式会社どんの籾山昌也社長である。

裕福な家に生まれ育った人というのは、意外にも危機に弱い節がある。没落して、貧乏になってしまうということも起こる。立ち上がれない。貧乏が、勇気を奪ってしまう。

しかし、もともと同じ裕福な家に生まれた人でも、微妙な違いがある。もし、幼少期に危機や貧乏になると、むしろ、「今一度、裕福になりたい」「金持ちになりたい」と強く思い込み、その精神を偉大なる起爆剤にして、大成功することが多い。不思議である。

「ステーキのどん」の籾山昌也社長は、群馬県の桐生の出身である。父親が織物工場を経営していたが、小学生のときに倒産してしまった。桐生の町は小さい。あるとき、町中の古道具屋さんの前で、足が釘《くぎ》づけになるほどのショックを受けた。

そこには、今まで長い間使ってきた、自分たちの家財道具が売られていたからである。涙が溢《あふ》れてきた。肩を寄せ合って生きてきたが、兄弟姉妹五人の絆《きずな》や愛情を強くしてくれたのは、この貧乏のおかげである。

家の再興ということが一時《いっとき》も頭から離れなかったが、大学時代は、学費を稼ぐだけで精一杯だった。卒業と同時に料理の修業に入り、資金をひたすらためる。三〇歳のときに独立し、前橋にあった古い民家を改修して一号店を開いた。昭和五一年である。

「一店の成功ノウハウを一〇〇店に及ぼしたい」と念じ、二〇年後の平成八年には、群馬・埼玉・都下に三六店を創った。その頃である、「ステーキで日本一になる」というスローガンを掲げたのは。

当時は、スーパー「ダイエー」傘下の「フォルクス」が第一位で、一六〇店を構えていた。相手は上場していたし、「ダイエー」のネームバリューでよい場所をとっていた。強敵である。それでも、「追い越したい」と願い、五〇店まで増やしたのがおよそ三年前である。

ご承知のとおり、親会社のダイエーは、企業再生法の適用を申請し、フォルクスの身売りの話が出た。大変な不況とBSE問題の最中だった。企業買収の金額は一二〇億円を超えて、高かった。買えば日本一になれるが、どうしても買えない。買いたいという念願は少しも冷めないまま、一年がたった。なかなか買い手がつかなかったのである。

私は、籾山社長が入塾していた社長塾「地球の会」の塾長をしていたが、「事業は自分で大きくするものだ」と言って慰めた。

それからしばらくして、ダイエーはもう一度、銀行を通じて交渉してきた。今度は、七割引であった。そこで買収した。まるで「棚からぼた餅《もち》」であった。強く念ずれば、そのとおりになるというが、それは真実である。

手続き、改修、その他で、費用は六〇億円ほどになった。年商三一七億円、二〇八店舗の会社は、こうして誕生した。平成一六年のことである。ついに日本一になったのだ。

世界第一位は、アメリカにある「アウトバック・ステーキハウス」という会社で、二〇カ国で七二〇店以上を展開し、年商三四六〇億円である。「ステーキのどん」は第八位であるが、これからは世界第一位を狙《ねら》うわけだ。

ちなみに、店名の「どん」の謂《いわ》れは、その可読性と親しみやすさにある。お子さんが小さかった頃、「ドン・キホーテ」を読んで聞かせたところ、ストーリーはともかく、その名前を即座に覚えて、事あるごとに「ドン、ドン」と呼んでいたからである。籾山社長の工夫は、片仮名の「ドン」ではなく、平仮名の「どん」に改め、小さな子供にもわかりやすいように、可読性を増したことである。

この「ステーキのどん」については、規模の拡大をテーマとして書いたが、実際には、質を高めることも同様に重要な方向性である。しかし、規模と質は、まったくその目的が違う。だから、追求すべき思想も、哲学も、戦略も、戦術も、目標も、それぞれ区別しながら書いていきたい。

事業は、大きいだけでは、かえって弱くなって生き残っていけない。規模だけを追求して大きくしていくと、やがて拡大すべき市場がなくなってしまうからだ。

しかし、質が高いだけでは、社会的地位が低かったり、貢献度が少ないというので、面白味に欠けて生き残れないことが起こる。同業の大きい会社が進出してくれば、質が高くても負ける場合が多いのだ。

規模とは何かを知る

覇道とは、規模を追求する経営である。規模を追求するにはまず、「規模とは何か」を知ることが大事である。

まず、事業規模は、自分が狙うマーケットの人口・世帯数・得意先とする会社の数……などで決まる。どんな事業でも、人口や、世帯数や、得意先の数を超えて大きくなることはできないからだ。

これが根本の思想である。大きい市場を狙えば、事業は大きくなる可能性があるが、小さい市場で大きくなることは不可能である。

一家に二台必要だといわれているテレビや、カメラや、自動車は、世帯数の二倍まではドンドン売れる。しかし、世帯数の二倍を超えたら、急に厳しい営業努力の壁が立ち塞《ふさ》がって、売れなくなる。

一世帯に一戸欲しいという住宅でも、耐用年数が三〇年であれば、その地域にある世帯数の三〇分の一しか一年間に売ってはならないことになる。これが基本である。その次に、洋風化や近代化や、利便性を訴求し、競争に勝つためにモデルチェンジをして、需要を促進する戦略が意義を持ってくる。

規模とは、質を追求する逆である。

一店の成功をモデルとして、そのノウハウを全体に普及し、一〇〇店、一〇〇〇店と創造していく道であるから、全日本的・全世界的で、いわば無限大主義である。その思想は、スタート時から一店主義ではない。大きくしたいとひたすら祈りながら、経営することだ。祈りや、何事かを成就させたいといった願いは、深く想念することの中にしかない。もし、事業を大きくしたいならば、長く、集中して思い込むことが最初である。

店の立地をどこにするか、集中して強く思う。商品にも、サービスにも、売り物にも、値段にも、人材にも、資金にも、お客様にも、強く思い込むことによってのみ得られる活路が多いはずだ。

深く想念しているからこそ、間違いない手が打てるし、次々に工夫が生まれ、勢いが増してくる。

規模の追求には、制覇していくという執念が大事である。執念がないと成功しない。

規模を拡大する「販売ネット」の構築

いかにして規模を大きくするか、その方法や手法は、覇道の成功に欠かせない大事な道具や戦う武器である。槍《やり》と鉄砲で戦えば、鉄砲が有利だということは、論を俟《ま》たないが、規模拡大の方法論もこれに似ている。

まず、売り方を簡単に、社長の視点で学ぶことが大事である。

売り方には、五通りある。つまり、『店頭販売」「訪問販売」「媒体販売」「配置販売」「展示販売」である。この五通りしかないのである。

覇道を貫きたいと思う社長は、売り方別に販売ネットを構築していくという考え方がないと、願いを成就できない。規模の拡大を目的に、販売ネットに商品を流すのだ。

業績の悪い会社の再建や、急激に成長させたいという会社に対して、どれほど多くの販売ネット構築を私が指導してきたか計り知れないし、また、それがどれほど効果的だったか驚くほどである。

規模の大きな会社は、全部、販売ネットを築き、そこに商品やサービスを流しているところばかりである。トヨタでも、松下電器でも、味の素でも、販売ネットに商品を流して売っている。「ステーキのどん」も店を構え、「店頭販売」だけでチェーンを展開して、大きくなった会社である。

販売ネットには、直接販売ネットと間接販売ネットがある。「ステーキのどん」や「積水ハウス」などは、自分の店を創って展開していった「直接販売ネット」である。「どん」は、一店の成功ノウハウを二〇〇店に及ぼしたのだ。もちろん、直販は初期の投下資本が多くかかる。土地や建物に投下するからだ。しかし、間接販売と異なって、手数料負担がないので、利益率が高い。

これに対し、間接販売ネットは、他人に販売を委《ゆだ》ねるので、その他人への手数料・マージン支払いが生じる。その分だけ、単位当たりの利益が落ちることになる。この間接販売ネットには、専売店と混売店がある。

専売店には、自社の商品だけを専売してもらう。そういう契約である。トヨタは、トヨタ車だけ売る専売店を、車種別に五チャンネルも持っている。松下電器は、専売店以外にも、家電の大型ショップ、つまり混売店にも商品を流している。混売店とは、ライバル他社の商品と一緒に売られる仕組みである。

たとえば、書店を覗《のぞ》くと、棚には幾千冊もの本が並んでいる。出版社というメーカーにとって、自社以外の出版物は、残念ながら、すべてライバルの商品である。売り場は、小説、経営、法律、漫画、週刊誌……というように、ジャンルごとにキチンと整理されて棚に収まっている。各分野には、多くの類似した本があって、値段も、装丁も、テーマも、著者も異なってはいるが、明らかに競合他社の本に囲まれて展示されている。

出版社というメーカーは、自己主張するために、できる限り目立つように装丁したり、広告宣伝をする。「役に立つ」「美しい」「内容はこうだ」と、訴える。混売店の典型的な有様である。

ソニーは、家電やゲームを持っているメーカーであるが、専売店がない。専売店が成り立たないからだ。ライバルは、家電商品のすべてを開発し、特約販売店と称する専売店を通して売っている。テレビも、冷蔵庫も、エアコンも、アイロンも、ラジオも、ズボンプレッサーも……である。しかし、ソニーは、音と映像が主である。アイロンも、エアコンも、冷蔵庫も、商品として持っていない。

そうすると、専売店が成り立つ可能性はゼロに近い。だから、日本では混売店への展開が中心となっている。混売店に置いて多くのライバルの商品と比べられて、戦っている。その分だけ、私は、ソニーの商品が優れているという感覚を持っている。

混売店に展示すれば、商品が優れていないと、お客様には選ばれないのだ。他社商品も一緒に展示されて売られているのだから、サービスでの差はつけにくい。品質そのもので差別化する以外にない。

以上のように、販売ネットには、直接販売ネットと間接販売ネットがある。

基本的には、あらゆる小売店は、いつでも、もっと儲《もう》かる商品やサービスや売り物を探している。まず、そこに置くことが、勝負の第一番目の着手である。メーカーや問屋は、新しい販売ネットを創造する努力が必要である。ところが、既存や既成の販売ネットが主で、ライバルや先代が売ってきたことと、ほとんど変化がないのだ。創造力がない。怠慢である。

豆腐を酒屋の販売ネットに流して急成長した会社もあるし、静岡の藪北茶《やぶきたちゃ》を葬儀店の販売ネットで売って大躍進した会社もある。薬を救急箱に入れて家庭や職場に配置する「配置販売ネット」を築いて大成功している会社もある。

このように、販売ネットは、規模の大飛躍に欠かせない要素である。しかも、短期間に売り上げを急増する手法である。特に、間接販売ネットは、他人や他社に販売を依頼する方法なので、いわば、他人の信用や、他人の財産や資源を活用するやり方である。

この間接販売ネットを、さらに科学的にやる方法に、フランチャイズ制、ボランタリー制、特約代店制がある。別著『社長の売上戦略』（日本経営合理化協会出版局）を参考にしてもらいたい。

規模を狙う経営数字の急所

規模は、「量を狙う経営」である。手の打ち方の基本として、数字の指示や把握が大事である。

しかし、社長でありながら、数字の苦手な人が非常に多い。数字で失敗する人が、失敗全体の半分を占めているといっても、過言ではない。

だいたい、会社は手形で倒産する。たとえ、一〇〇万円の手形が落ちなくても、無条件に倒産するのだ。

それと比べて、借金で倒産することは、ほとんどない。それなのに、未《いま》だに簡単に支払手形を切り、受取手形を流通させて止《や》まない。心配である。

社長にとって数字の要素は避けて通れないので、要所要所をキチンと学ぶべきである。

会計士を目指すわけでもなく、経理マンになるわけでもないのだが、社長として大事な数字とその周辺だけは、確実にとらえておくことだ。

まず、規模には、資金調達が大切である。

調達の基本は、経常利益を出し続けることが第一である。

税込利益に近い経常利益は、その約五割を税として徴収される。残りの五割が、純利益となる。この純利益の中から、役員賞与と株式の配当を行い、最終的に残った分を内部留保金という。この留保金の半分を借金の返済に充てる。さらに残った半分を資本に繰り入れる。これは、あくまで目安である。しかし、借金の多い会社でも、こういう返済スタイルを採ると、よい会社に変身できる。

経常利益を出せない会社は、借金の返済能力がないことになる。また、資本に繰り入れ、自己資本の充実につながるので、経常利益を出し続けることが第一の努力の視点である。もちろん、その額も重要である。

次に、借金は、基本的に銀行からすることだ。昨今、この銀行のシステムが変わった。法人部が新設された。会社は、この法人部と仲よくする必要がある。事業発展計画書を作成して、それを発表し、自分の事業の将来をどう考えているか、絶えず法人部門に情報提供をしていかないと、急場の協力は得難い。ちなみに、従来までの支店長は、個人部の長でしかない。コンタクト相手を間違わないことだ。

売り上げ・利益の傾向、新事業や新商品の開発計画や、地域の拡大計画などを、日頃から法人部に伝えておく。また、銀行のデリバティブな商品に対して、さまざまな協力することも、大事なつきあいである。

資金調達に際し、増資や、事業プロジェクトごとのファンドなどが、昨今、多くなった。増資に際しても、自己の持ち株比率を、願わくば六割以上と決めておくことが肝要だ。また、ファンドでも、そのプロジェクトで利益が出たら、必ず、その範囲で、すぐに配当し、返済することを怠らないことがバランスである。

時には、特別損金で、過去からの資産を売却して、資金を調達することも起こる。資産の売却では、利益が出れば基本的に税金の対象となるので、資産を担保にして借入金を起こしたほうが得か、調達における両者の差を検討することが大事である。

他に、株式の上場も調達の一環である。

上場は、ネームバリューを高めることと、資金調達することが最大の狙いである。昨今、M&Aが流行《はや》って、「上場することだけがすべて」とか、「男の生き甲斐《がい》だ」などという時代から、もっと冷静に考える時代に変わった。事業を、安定的に幾代も続けるという別の方向性を採る層も出てきたのだ。

また、資金に関して銀行と取引をするときに、多行か、メイン一行かという選択に迷うことが多い。大銀行は三行しかないが、都市銀行一行をメインにし、他に都市銀行、地方銀行をサブとしてつきあったほうがいい。銀行とは相性があるので、その姿勢によってつきあうべき銀行を選ぶことだ。それぞれ、その姿勢には特色がある。社長たちの評判は、言い得て妙である。

三菱東京ＵＦＪは、私の指導先でも長くつきあっているところが多い。いずれも、しっかりしている会社ばかりである。三菱東京ＵＦＪ自体が信用中心であるから、取引先の会社は、そこをメイン銀行としていることに、ある程度の誇りを持っている。

三井住友銀行は、厳しい行風で知られている。業績が悪いと、金を貸さないといわれるほどだが、私の協会は、その厳しさが好きで、長くつきあっている。ものは考えようである。

みずほ銀行は、この両方よりも公平感がある。取引先に対してもよく相談に乗ってくれるというので、若手の経理担当長の多くが、先の二行よりも推している。いざというときに頼り甲斐があるわけだ。

地銀も、いろいろな系列や特色を持っている。特色は特色としてとらえ、長く親しくつきあっていく風土を、経営者は築いていくことが最も大事である。

規模と新事業・新商品・新市場の狙い方

メイン事業も、メイン商品も、メインのマーケットも、無限に続くものではない。覇道で大きくなった会社で、最も危険なのは、メイン事業やメイン商品で、もはや開拓すべき市場が残っていないということであり、次の、大きな柱とする、いわば、多角化事業が用意されていないことだ。トップを走っていくときに、いつも注意すべき要素だ。トップ企業がつまずく最多のケースである。

全盛のときに、その傾向を見抜いて次の柱を用意する。全盛だと、資金準備もできるからだ。どんなに大きくても、次の事業が用意されていなければ終わりである。覇道とは、そういうものだ。

ダイエーでも、大型店舗が日本国内で満杯になり、もうつくれなくなって、小型店舗のローソンをつくっていった。ここまでは成功である。しかし、激しいコンビニ競争の中で、大急ぎで展開を進め、あっという間に七〇〇〇店、八〇〇〇店と展開し、その次の用意が間に合わなかった。

公文塾でも、シネマコンプレックスでも、ワタミでも、ビデオレンタルのTSUTAYA（ツタヤ）でも、東横インでも、ユニクロでも、多店舗展開である。ダイエーこそ、そのノウハウを一番多く持ち、得意の戦略だったはずだ。

新しい店や、新しい営業所を次々に展開できる間は、覇道を狙い、覇道を推進できる。このときの戦略課題は、陣地の取り合いが中心である。より優位な場所を、数多く奪うことに全力を集中すべきである。それが勝って生き残る道である。

しかも、その多くは、人口や、世帯数や、お客様とすべき会社が多いところほど一流立地ということになる。人口が少ない場所、世帯数の少ない町、お客様とすべき会社の少ない地域は、いつでも二流地である。

比較してみると、ローソンも、セブン-イレブンも、八〇〇〇店前後までの展開には、大きな差はなかった。しかし、業態の将来を知って、他のサークルがあっという間に大挙して進出し、拠点は完全に埋まってしまった。

今では「大都市型の業態」に、ほんの少し空白が残っている程度までに、陣地の取り合いが続いた。とうとうコンビニの市場は完全に満杯状態、飽和状態になってしまった。

事業は、成長拡大こそ一つのバランスである。同じ業態を次々に展開していけなくなれば、成長はストップする。だから、日本以外の、いわば近隣諸国で展開をする。あるいは、日本で新業態を開発し、それを展開することが生き残る道である。

しかし、その段階の前に、もう一つ激しい競争戦略が待っていた。それは、強い会社が、意図して弱い会社の市場を奪ってしまう方向性である。一社か、二社か、市場占有率が高く、店舗数の多い会社を潰《つぶ》してしまえば、しばらくは同じような多店舗展開が可能となる。いわば、相手を倒す謀略である。

現在、最大手のセブン-イレブンは、売上高が約二兆五〇〇〇億円、店舗数は一万一二〇〇である。比べて、ローソンは、売上高が一兆三五〇〇億円、店舗数は八三六〇である。

強い会社は、弱い会社と同じ拠点、近所に意識してバッティング状態の店舗を設ける。つまり、自由競争を挑むわけである。商品も、サービスも、宣伝も、実務で戦っていく。一店一店、半径約一キロメートルや五〇〇メートル商圏内の真剣勝負である。厳しいのだ。弱いもの、お客様第一主義でないもの、差別化意識のないもの、強く必要とされないものが、自然浄化作用のように消えていく。

ダイエーは、福岡に球場をつくり、ホテルを築いてきたが、それは一店主義であり、福岡だけのことで、覇道ではなく王道に近い。質を追求する事業をやっては、最も得意とする多店舗展開のノウハウが活《い》きない。覇道を行く経営者は、必ず、持っているノウハウを活かせる次の事業や、商品や、市場や、そして規模の戦略の用意をしておくべきだ。それができなかったことに、ダイエーの失敗の本質がある。

さらに、事業は、一つひとつの店や営業所で、それぞれが毎年毎年、時系列で成長していかなければ維持できない。たとえば、公文塾でも、算数塾からスタートし、続いて国語・英語・数学を加え、さらにフランス語・ドイツ語と商品ラインを増やしている。授業料も、一科目三〇〇〇円だったが、今では六三〇〇円から八四〇〇円に設定されている。

地域も、日本から海外にまで及ぶ。この展開で、海外に住む日本人の子供たちがどれほど勉強になったか、その貢献度は計り知れない。年齢も、スタート時は小中学生が中心だったものを、ゼロ歳児・幼稚園児から高校生以上まで、対象を広げている。塾経営以外にも、教材や児童書・絵本などの印刷出版事業を推進している。優れた会社の典型的な戦略だ。塾の価格も、決して高くはない。普及価格の戦略である。公文塾は、国内で一万七八〇〇教室、海外四四の国と地域で八一〇〇教室を展開している。地域戦略も素晴らしい。テキスト類の帳合などにも独自の工夫があり、生産や在庫の戦略も優秀だ。

規模の追求における人材登用の視点

多店化する過程で、一店主義では考えられないほどの人手を要することも発生する。一〇カ所の店舗や営業所、二つの工場を設けようとすれば、少なくとも一〇人の店長・営業所長と、二人の工場長がいるし、店員も社員も大量に雇用しなければならない。しかも、管理職に就く人材には経営能力が必要である。人の募集採用、育成が大事になる。

人材の登用には、間違えてはならない視点がある。

私は、地位と給料とは、分けて判断することにしている。給料、つまり報酬は、仕事をよくやる人材に高く払うことを当然だとしている。しかし、地位は、見識がないと与えない。野球の四番打者は報酬が多くて当然であるが、その四番打者に見識や指導力がないと、監督にはしないということである。

さらに、この監督や指導者になる人材に、どんなに見識があっても強さがないと、その任につけないことにしている。内部に対してはともかく、外部にいるライバルと戦う力が大事だからだ。ライオンや虎《とら》や狼《おおかみ》を上に、羊を下につけている。

組織は、規模が大きくなっても、わかりやすいことが大事である。多くの管理職を、私は五歳刻みで設けている。三〇歳の係長は三五歳の課長を目指し、三五歳の課長は四〇歳の部長を目指すようにしている。

評価は、実力主義であり、公平でなければならない。そのためにシステムを確立し、その詳細を「事業発展計画書」を作成して、発表・説明すべきだ。

覇道は、早く、広く地域展開を図るのが鉄則だ。店や営業所を数多くつくっても、そこを担当する店長や営業所長や、店員や社員の自由裁量を許さない。行動の規範をマニュアル化し、脱線は認めない。各店や営業所で統一すべきものが多いだけに、本部や企画を担当する者は、次の展開や、時流や、状況や、地域・商品・増客の戦略・戦術を絶えず研究し、新しく改良する方向を採り続けなければ生きていけない。「覇道」は、それが規範である。忘れないことだ。

「王道」の思想

会社の実力は「単位当たり」でわかる

フランスに、「エノキアン協会」という伝統企業の国際組織がある。
エノキアンとは、エノクの住人という意味で、パリに住むパリジャンと同様の用語例である。エノクは、旧約聖書に出てくる人名であり、また世界初の都市名でもある。人物としてのエノクは、ノアの大洪水前の家長であり、非常に長命で、多くの子孫を残したと伝えられている。そこから、世界初の都市に彼の名前を与えてエノクとし、神とともに永遠に栄えることを念じたのである。

エノキアン協会は、このエノクの歴史と伝統、繁栄にちなんで命名されたものである。最も排他的なのに、社長なら全員が憧《あこが》れる機関かもしれない。確か、八カ国・三五社で構成されていると聞いた。入会の条件が厳しいのだ。

まず、創立から二〇〇年以上続いていること、しかも、創業者が明確で、その同族が今でも経営権を持っていること、さらに、経営状態が良好であることが、その条件である。協会創立当時、一七四社が入会を申し込んだが、この三条件を満たしたのは一五社に過ぎず、そのうち一〇社で協会が設立された。

こういう厳しい条件には、意外に合致する会社が少ないのである。つまり、「質」の良し悪《あ》しを問うているからだ。

日本では、二社の入会があった。一社は酒造会社の「月桂冠」であり、もう一社は石川県の粟津《あわづ》にある法師温泉の「法師」である。

法師温泉は養老二年（七一八年）の開湯から伝承し、一三〇〇年も続いている。世界最古の「のれん」を誇っている。経営者は、法師善五郎さんというが、初代から襲名して四六代目である。世界最古のホテルとして、「ギネスブック」にも認定されている。

質の追求には規模の追求と異なって、まず長く続けていくこと、内容がよいことが大課題である。

そのために、特に同業の競争相手や、時には、同規模の異業種とも比較をする。その比較の評価眼・視点によって経営の質の良し悪しを独自に決める。

エノキアンのように、創業から積み重ねた時間や歴史、創立時の同族が今も経営していること、そして、収益を上げ続けていることも大事であるが、もう少し具体的な視点が重要である。

それは、「単位当たり」という比較の評価眼を持って、事業の質を見ることだ。これが優れている会社は強く、質が高い。

まず、第一番目に、社員「一人当たり」という基準を置きたい。

ライバル数社を挙げ、一人当たりの「売上高」「粗利益」「税込利益」「固定経費」「借金額」「資産」などを比較する。売り上げや、粗利益や、税込利益や、資産が多い会社は必ず質が高い。逆に、経費や借金が多い会社は、質が低いことになる。

会社の本当の実力は、この比較だけですぐにわかるものだ。

社員の人数が多すぎても悪いし、売り上げが少なくても、利益が低くても悪くなるから、質の分析も、比較も一目瞭然《りょうぜん》である。それぞれの比較項目を追求することこそ、質を高める方向である。

比較すべき単位は、いろいろと多い。「一人当たり」の他に、「一坪当たり」「一時間当たり」「一得意先当たり」「一キロメートル当たり」「商品別当たり」などは基本的な単位であるが、独自に細分化して設定したほうが、強い、良質の会社になる。

「一坪当たり」の比較は、小売店や施設産業や工場では、欠かせない大事な要素である。一人当たりと同様に、一坪当たりの「売り上げ」「粗利益」「展示総価額」「税込利益」「家賃」「イニシャルコスト」など、ライバルと冷静に比較すべきである。

もちろん、「売り上げ」や「粗利益」や「展示総価額」「税込利益」などは、高いほうが強い。「家賃」や「イニシャルコスト」は、同規模・同水準であれば低いほうが強い。

高くあるべき単位が、なぜ低いのか、逆に、低くあるべき単位が、なぜ高いのか、そういうズレのある会社は、早々に体質の転換をしなければ、質の競争で負けてしまうことになる。悪い状態が長く続くと、存立することが難しくなる。ズレに早く手を打って直すことは、質の問題の基本である。

「一得意先当たり」という項目は、受注事業を営む会社にとって、特に大事な項目である。大きな得意先一社の中で占める自社の取り分が小さければ、一朝あるときにクビを切られても不思議ではない。そういう場所に身を置いているからだ。危険である。

占有率を上げるか、別の固有技術を導入してでも一社に身を任せず、得意先を多くして依存度を減らす以外に生き続ける道はない。これが手の打ち方である。

また、ライバルと同じ商品やサービス、技術を売っていても、売価が高いと売れなくなるし、売価が安いと儲からない会社になってしまう。

メーカーにとって、性能アップや新しい機能性や独自性を付加することは、重要なテーマである。また、問屋や小売店にとって、サービスの差別化は、質を高めるための重要なイノベーションである。

一方、ルイ・ヴィトンやエルメスといったブランド品と呼ばれるものは、カバンでも靴でも、ベルトでも、ネクタイでも、大変高額である。

売り上げとは、値段と数量のかけ算であるから、値段が高くてなおかつたくさん売れたらそれは質の高い会社ができる。

こういった会社は、他に模倣されないために、独自のものを開発し、工業所有権を取得する。法的に独自性を守ってもらうわけだ。不思議なことに、大企業よりも中小企業向きの大事な戦略テーマなのに、特許も、実用新案も、意匠も、商標も、圧倒的に大企業が多い。申請も取得も、である。

人も、金も、部門設定も、一生懸命なのは大企業だ。私に言わせれば、中小企業は何をしているのかと疑いたくなる。

看板も、デザインも、商品名も、作り方も、発想も、昨今では、ビジネスモデルや工法にまで、権利が及ぶようになっている。この独自性を主張できる工業所有権を取得できれば、質の高い、強い会社を創るために非常に大きなメリットになる。

たとえば、不動建設という会社は、シールド工法という、地下やトンネルを掘る技術で、数多くの工業所有権を持っているゼネコンとして知られている。

東京は、今でも雨や雪に弱い大都会であるが、もう二〇年ほど前に大雨が降ったことがある。事務所は東京駅のすぐ近くだったが、雨で新幹線が遅れたので、駅からタクシーに乗るつもりでいた。

ところが、すぐに丸の内界隈《かいわい》の異常に気がついた。内堀が溢れ、神田川も氾濫《はんらん》しているという放送があった。タクシーも拾えないし、近くだから歩くことにした。丸の内から大手町まで、ズボンをたくし上げて歩いていたら、なんと驚いたことに、すぐ側《そば》の道路を鯉《こい》が泳いでいた。そういう年は一度ではなく、二、三回は起こった。しかし、それが最近はまったくない。

尋ねてみると、神田川の底にもう一本の神田川を掘って、東京湾に流しているからだと教えてもらった。

ついでに尋ねてみると、芝の増上寺の地下には、東京電力の変電所が掘られているし、池袋の先の光が丘団地近辺の地下には、地下鉄の操車場が、すでに掘られて利用されているという。ジオフロント（大深度）時代の幕開けである。

トンネルを掘り進めながら、周りを固めていくシールド工法という方法は、東京湾の川崎と木更津を結ぶアクアラインの建設に活躍した。また、海を越えて、フランスとイギリスを、長い間、隔ててきたドーバー海峡を、海底でつなぐトンネルの掘削にも役立ってきた。

地震の多い日本では、液状化現象が起こりやすいし、トンネルの掘削にも起こりやすいが、シールド工法は多方面で活躍している。これらの工業所有権は、たとえ業種や業態が受注事業で、商品を持っていなくても、質の高い、強い会社を築く決め手となる。

哲学にこだわって伸びる

規模の小さい会社でありながら、大企業が負けてしまうような会社を幾つも診《み》てきた。食べ物の業界でも、住宅の業界でも、幾社も知っている。もちろん、出版業界にも、ファッション業界にも、スポーツ用品の業界にも、ホテル業界にも、家電の小売業界にも、自動車業界……にもあった。お客様に、「あそこからしか買わない」、時には「あの人から買いたい」と言わしめて久しい会社ばかりである。

たとえば「食」は、レストランでも、お菓子でも、副食でも主食でも、「美味《おい》しい」が哲学である。お客様は、美味しくないものを二度と買ってくれないし、美味しくないところへ行く人は、何らかの義理を果たしているだけである。

「美味しい」を追求すると、食べる環境や、感じがいいことや、清潔や、楽しいことまでも重要になってくる。時には、飾ってある絵や彫刻や、聴いてもらう音楽にまでグレードが要求される。

もちろん、美味しいというのは、甘いことだけではない。「辛い、酸っぱい、苦い」の中にも、「美味しい」がある。

「臭い」が、美味しいことさえもある。その臭さゆえに、習慣性がつくことも多い。「ブルーチーズ」も「ムロアジのくさや」も、臭いことが「売り」である。「美味しい」も、複雑で、さまざまな食材が海外から入ってくる時代になった。

私の食道楽を知らない人が、「牟田は、浅い味覚で、美味しいとは甘いことだと言っている」と、勘違いして伝えているのを聞いて、悔いが残ったことがある。


東京の神楽坂にある「天悦」は、六人しか店に入れない。ほとんど二カ月先まで予約で一杯である。六人のお客様が入ったところで、玄関の扉に閂《かんぬき》を掛ける。銘酒「浦霞」を飲みながら、六人だけで話が弾むようにしてある。

一章でも触れた「花乃碗」は、神田の旧YMCAの横丁を入ったところにあるが、肉では日本一美味しいと思う。ロシアの元大統領ミハエル・ゴルバチョフを連れて行ったら、世界一だと言っていた。

家庭料理なら、神田小川町の「たんぽぽ」がいい。玄米食も食べられる。近所には、宮内庁御用達の和菓子店「さゝま」がある。同じ町内には、江戸時代から続いている「笹巻けぬきすし」もある。

これらは、すべて一店主義である。多店舗化しない。それぞれに特色があり、独自の美味しさにこだわって、長く続けるタイプである。

卓球のラケットで世界一の「タマス」は、決して大企業ではない。山口県の柳井市で創業されたこの会社は、現在、東京の杉並に本社がある。創業者は、卓球の全日本チャンピオンになった田舛彦介さんである。

タマスのラケットは、「バタフライ」のブランドで、世界中の卓球愛好家に使われている。世界一〇〇カ国以上に普及し、日本人も、中国人も、欧米人も、卓球選手の約六〇パーセントが使用している。タマスを知らない卓球人はいないし、みんなが欲しがる。

タマスは、通信販売が主である。『卓球レポート』という通信販売の媒体誌を持っている。そこに、アメリカのNASAの技術者が、航空力学を駆使してラケットを開発している記事が載っていた。身長・握力・男女・年齢・利き腕・打ち方・握り方……別に、ラケットを推薦している。自分に最適なものを、誰もが欲しいからだ。

こうなると、デパートやスポーツ用品店で一般に売られているラケットは、一流ではないということになる。それも、強い選手が言うのであるから、小学生も、中学生も、高校生も、大学や実業団の選手までもが、タマスを使うようになる。最高の品質や機能を追求しているのだ。それが哲学である。世界中どこの国のメーカーも、太刀《たち》打ちできない。

「美」は、ファッションが追求すべき哲学である。かつて、「衣」は、寒さを凌《しの》ぐためのものであった。大昔はともかく、戦争に敗れて長い間、「食」の時代が続き、それが落ち着くと、すぐに衣の時代がやってきた。そして、暑さ・寒さに対応できるようになると、自然に「美しさ」を追求するようになった。

平和になると、女性だけのものと思っていた衣が、男性にも流行し、子供も老人も、衣を纏《まと》って美しく見えることを競うようになった。

デザインとは、形と素材と色の組み合わせであるが、機能や、時には、性能も加わって、四季ごとにも、年ごとにも、流行やブームを生むようになった。

流行に敏で、ブームに乗って繁盛するのが、衣や装飾を扱う人たちのテーマである。しかし、基本的には、美は「不変の美」の追求である。一本の線でも、枯れた色でも、それに合致する素材でも、よいものはよいのだ。

ファッションは、それを着た人を美しく見せなければ売れない。店も、売り手も、商品も、美しくなりたいと思う人のためにあるものだ。

住宅においては、憩い、団欒《だんらん》、健康、ステイタスが、追求すべき哲学である。

東京に住んでいる人に尋ねると、金額を別にすれば、田園調布という街が圧倒的に人気があるという。

この街をつくった人は渋沢栄一翁で、晩年に手掛けた事業である。欧米で田園都市構想が流行ったときに、発案したものだ。

田園調布は、東急東横線で渋谷駅から乗って、多摩川を渡る二つほど手前に位置している。渋谷に近い途中駅には、中目黒や学芸大前などがあるが、人気はいまいちである。小さい区画の住宅が多いし、道が細く曲がりくねっていて、バスが軒や庇《ひさし》を削っているからである。大震災や戦争で灰にもなったが、復興して、またもや狭い迷路のような街をつくってしまったのだ。

家はビジュアルなもので、その規模も、デザインも、幾十年も評価の的になるものだ。大正七年からすでに約九〇年も時が流れたが、未だ田園調布を超えるような街をつくれないというのは、日本人の心が貧しいからなのか、公平感が禍《わざわい》して突出したものがつくれないからなのか、税制が悪くて宅地を細切れにして相続せざるを得ないからなのか、はたまた、建築を業としている会社に理念がないからなのか、と考えずにはいられない。

それでも、少しは新しい流れが生まれている。渋沢栄一翁の思想が活かされているのだ。小田急線で新宿から二〇分ほど行った新百合ヶ丘駅で降りて、右方向へ一〇分くらい歩いたところに、オナーズヒルズという二〇戸ほどのミニ田園調布がある。友人の津島亮一氏が全体設計をし、東京ミサワホームが家造りを担当した。私の家が近所にあったために、津島氏は幾度も、オナーズヒルズに引っ越してくるように誘いながら、遊びに来た。

今、見ると、美しい街になった。街は、最初に樹木で囲まれてつくられた。丘の傾斜は、できる限り残し、雛壇《ひなだん》のようには造成しなかった。大きいメイン道路は、斜面のままで、蛇行したビンコロの石畳になっている。九〇坪が最低の区画として分譲された。一三種類の常磐木《ときわぎ》が、この二〇年間で茂り、実に美しい景観になっている。別天地だ。住宅メーカーの社長は、手本として見学して欲しい。

埼玉にも、三〇区画ほどを川の流れで囲み、どこの家へも橋を渡っていくようにした街がある。心が和む。

住宅の哲学は、まず、そこに住むステイタス、憩い、健康である。洋風化の新しい流れの中で、強く必要とされる会社を築いて欲しい。

「衣」であれ「食」であれ「住」であれ、他の業種であれ、小さくとも顧客から絶大な支持を得ている会社に共通していることは、確固たる哲学を持っていることだ。しかも、それを際限なく、とことん追求している。

一つのことを幾年も、幾代も続けていながら、その時代、時代の環境に合致するように、実践法を変えながら、その哲学を商品に込めているのである。

事業家に限らず、現代人は職業に就く。

あるとき、青年が秋田県から上京して、私を訪ねてきた。その青年は、私の本を読んで感動し、どうしても会いたくなったと言って、名刺を差し出した。通常、名前の斜め上に職業や、社名や、役職を書くが、そこに「百姓」と印刷してあった。驚いた。「あきたこまち」を作っているという。

名前は雲雀明徳《ひばりあきのり》君で、それが本名である。ときどき、「今頃どうしているか、美味しい米を作ることに生命を賭《と》しているか」と案じている。

政治家の友人も多いが、小沢一郎氏は、一緒に飲んでも、私に金を払わせなかった数少ない政治家の一人だ。政治家は、住みよい世の中を命懸けで築くのが、職業の哲学である。教師は、よい子を世の中に送り出すことに、職業としての使命を果たさなければ、尊敬されない。医師は、人々の健康を指導し、病気を治すことに精神も、技術も、使命感も捧《ささ》げなければならない。神聖である。

事業にも、職業にも、質の道、王道がある。

王道の思想は「強く必要とされる哲学を貫くこと」、いつでも「最適」の追求が根底になければならない。

商品の品質も、デザインも、サービスも、販売も、クレームの処理も、ベストを狙うのが王道である。人が追求すべきものと似ている。

店をつくるときでも、立地が繁盛を左右するので、最適立地を求めることが大事である。自分が土地を持っていたがために、そこが最適立地ではないにもかかわらず、その場所で開業して失敗する人が多い。

立地で迷うときは、給料日やボーナス日の次の日曜日に、広い範囲に三カ所も、五カ所もポイントを選んで、そこにテントの仮設店を構える。そして、それぞれ開業したい店と同じ商品構成でチラシを作って商圏に配れば、すぐに最適地がわかる。人が一番多く集まった場所こそ、最適立地である。まず、テストしてみることだ。商圏の中に公園があったり、大きな工場や学校があれば、商圏が「真円」を形成せずに欠けた状態なので、スーパーや多くの小売業は繁盛が難しくなる。

自分が持っている土地が最適でなければ、最適立地と等価交換してもいいし、自分の土地を売却して、新しく買い換えてもいいのだ。土地に合った事業をやる視点である。

王道は、いつでもライバルと比べられたときに、はるかに優れていなければ存続できない。短期間での質の追求ではなく、長期的な視野にたち、二〇年、五〇年、一〇〇年、五〇〇年後を先見しながら、継続的な戦略に基づいて事業経営に当たることが大切である。

王道での多角化のやり方

質の経営、つまり王道は、原則的に一店主義であると書いたが、それはわかりやすく表現するための、いわば方便に近い。覇道と王道を比較するときに、両者の思想が根本的に異なるところを、最大限に伝えておきたかったからだ。

私の長女は、親の私が言うのもおかしいが、大変に御《ぎょ》し難い女である。私が言うことに、ほとんど反対する。

ある日曜の食卓で、その娘が手のひらを上向きにして差し出し、「一〇万円ばかりくれ」と言う。娘が結婚して間もない頃だ。ついでながら、亭主はまじめな勤め人である。

私は無言で、その手のひらに一〇万円を乗せた。すると、「これからも、ずーっと毎月、欲しい」と言うのだ。

「もっと多くの金が欲しければ、小さな会社をつくってやるよ」と言って、写真のDPEの店を、小田急線の新百合ヶ丘駅の構内に設けてやった。

そのとき、私は条件をつけた。「一年間は、自分が先頭に立って、販促も、仕入れも、経理も、一生懸命やれ。しかし、それは一年間だけで、その間に店長を見つけ、育て、一年目からは、その店長に経営を任せて、お前は一週間に一度しか行ってはならない。主婦だから、子育てだよ」と、約束させた。

　驚いたことに、あれほど御し難い娘が、素直に言うことを聞いた。幸いなことに、店は黒字で推移した。しばらくして、娘は相談があると言って、私の家にやってきた。「ああ、奴《やつ》め、やってきたな。何だろう」と思った。

　相談の内容は、簡単に書くと、「繁盛しているから、小田急線の急行停車駅にこの店と同じものを、次々につくりたい。どうだ、参ったか」ということであった。

　私の答えも簡単に書くと、「ダメだな。それはならない。だいたい、写真のDPEは、やがてデジタル化して、フィルムレスの時代になる。そうすると、機械も技術も変わるから、今の一店のノウハウを、早まって、他店に及ぼしてはならない」ということだ。

　娘に、覇道を走らせなかったわけである。

　その代わり、別の条件を提案した。それは、新百合ヶ丘の駅周辺にたくさんのお客様を持っているのだから、その同じお客様に、写真以外の商品を売りなさいということである。つまり、同じ場所で業種を変えて、多角化を図るわけである。

　そうすれば、もし危機に陥った場合でも、全部の店がダメになるわけがない、と諭した。

　BSE一つをとっても、倒れる会社が多かったが、牛肉以外の飲食事業は元気だった。名古屋の手羽先で有名な「世界の山ちゃん」も、築地にある「喜代村のすしざんまい」も、

「ドトールコーヒー」も、みんなはつらつとしていた。牛肉レストランが、もし、別事業で多角化していたら、危機のヘッジになったことは間違いないと、教えたわけである。

覇道による多店舗化は、一店のノウハウを他店に及ぼすことが主である。しかし、王道は、多店舗化よりも内容を主とするために、同じ場所で、同じお客様に、よいものを提供し、長く続けていくことが、最適で最強だとする経営である。

「日影茶屋」は、王道タイプで多角化している。冷静に多店舗化すべきか、すべきでないか、方向性を決めている会社だ。

日影茶屋は、会席料理の老舗《しにせ》として三〇〇年も続いている。その本店からわずか一〇〇メートルほどしか離れていない葉山の海辺に、新しく美しい店を構えた。それはフランス料理の「ラ・マーレ・ド・茶屋」という店である。相乗効果があって、和洋の両店が、同じお客様で溢れているではないか。

他に、玄米菜食の店「チャヤマクロビオティックス」を開業しているが、この分野は戦略を使い分けて多店舗展開し、見事に繁盛している。

王道とは、原則的に一店主義である。多角化や他店舗化にも、覇道とは異なる独自性が必要だ。強い会社を長く続けるための方向性を、間違わないことだ。

質の経営「王道」と借金の視点

質の高い経営を目指す余り、「無借金だ、無借金だ」と主張する社長が多い。しかし、無借金が最高だとは限らない。そのとき、その状態に合わせて経営している会社のほうが優れている。要は、バランスである。

無借金は悪いことではないが、規模が小さければ、すぐに無借金体質は築ける。ある程度、質も規模もとなると、バランスをとる勉強をすることが大事だ。

だいたい、借金がない会社は、銀行とのつきあいが浅くて弱い会社になってしまう。法外に質が高く、規模も大きく、自社で銀行まで持っている会社もあるが、小さくても借金できる力は実力がある証拠だ。

ただ、返済能力以上の借金をしてはならない。借金の返済能力は、経常利益の額の大小で判断すべきであり、具体的には、経常利益の四分の一程度がメドである。

まず、損益計算書の最終科目に内部留保金がある。内部留保金は、二つに分けて考えるとよい。一つは、借金の返済に充てる。もう一つは、資本金として繰り入れる。もし、借金の返済に年間一億円必要で、資本に繰り入れる金額も同じく一億円だとしたら、必要な内部留保金は、合計して二億円である。

内部留保金のすぐ上に、役員賞与と株式配当金の科目がある。両方とも払わないなら、この科目はゼロである。税金の率を五〇パーセントとすれば、内部留保金の二億円と税金は、同額の二億円である。したがって、経常利益は、四億円必要だということになる。経常利益は、借金返済力のバロメーターである。まず、経常利益を出すことが大事だ。銀行も、そういう見方を行員に教えて育てるべきだ。

まず、燃えたぎる執念があるか

独立創業の精神を持つ

王道をゆくか、覇道をゆくか、それを決めるのは社長の決断以外にない。しかし、どちらを選ぼうとも、これだけは失ってはいけない。独立創業時の、熱く燃えたぎるような、そして祈るような、成功への執念である。

多くの事業家にとって、創業時は失うものがない。いわば、背水の陣を敷く心境である。このときに多くの素晴らしい工夫や、生きる力や、大胆な挑戦する精神や思想が生まれる。激しく変貌《へんぼう》する環境や状況の中で戦い、成功するために最も大事な心構えは、この独立創業の精神を保《も》つことである。しかも、いかなる困難にも屈しない創業の魂を、永く持ち続けなければならない。もし、精神の弱さや、守成に心を置き、迷いが起これば、他のどんなものにも代替が利かない。

もともと、事業を創業して、社長という立場に就くということは、隋《ずい》の文帝が、その皇后・独孤に言わしめたとおり、「騎虎の勢い下りるを得ず」という心境に似ているのだ。もし、虎《とら》の背に乗って下りたら、食い殺されてしまう。一巻の終わりである。

事業は、いわば、この虎の背に乗ったようなもので、下りるときは、会社が倒産するとき以外にない立場を教えている。逃げ道はない。

最も厳しい創業の精神である。負けたり、敗れないことが肝心なのだ。

生涯の成功も、事業の繁栄もすべて、自分が自分自身に課した創業時からの強い思い込みのとおりにしかならないのである。

成功したい、産を成したいという強烈な思い込みが最初にない者が、もし偶然に思いを達しても、二度も三度も、そういう成功は続かない。多くの成功も、産を成すことも、偶然ではなく必然であり、意図して強い精神を持ち続ける以外にないのだ。

創業の精神は、最初に、金持ちになりたいとか、大出世をして地位を得たいとか、人を助ける仕事がしたいとか、実に単純で、素朴で、一徹である。いわば、そういう旗を立てることで、事業を始める。そして、やがて、人々に強く必要とされる事業を創造することが、哲学や思想だと気づく。

スタート時の「大胆な挑戦力や勇気や成算」と、さらに「強く必要とされる事業を創り続ける思想」があれば、どんな危機に直面しても、また、チャンスの到来に遭っても、ひらめきが湧《わ》き、対応できるものだ。

強い独立創業の精神を持つことこそ、これから繁栄する新事業にも、大ヒットする商品にも、新しいマーケットにも、人材にも、お客様にも、売り上げや利益にも、戦略・戦術にも、永い繁栄を描くグランドデザインにも、すべての思想と技術に対しても、的確に対応して、繁栄を築く根幹の哲理である。

独立創業の精神を失い、他人に依存する心を持てば、それが社長自身にとって最大の敵となる。

生涯を賭してやる事業に出合う

二四歳と一〇カ月になったとき、日本経営合理化協会を創業した。そのとき、会長職を引き受けていただいたのが船田中氏（第五一代・五六代衆議院議長）である。

船田氏のご紹介があって、源田実氏にも理事をしていただいたことがある。源田氏は、日本海軍の航空参謀であり、戦後は航空幕僚長、参議院議員を務めた人である。よく戦犯にならなかったものだと、その頃、思っていた。この人は、初対面から魅力があった。

まず、ハンサムであった。これまで会った誰よりも美男子であったが、背は小柄で、眼光が鋭かった。後年に会った簗瀬次郎氏（ヤナセ会長）は、源田実氏によく似ていた。協会の三代目会長の福田一氏（第六二代衆議院議長）は、同じように眼光は鋭かったが、少し背が高かった。

実は、なぜ、こんなことを書いているかというと、これまでに何度か登場している「喜代村のすしざんまい」の木村社長が、航空自衛隊の出身だからだ。今から二五年ほども前には、木村社長は、背は小さかったが、今ほど太ってはいなかった。視力も二・五だったと言っていたが、少しずつ体重が増え、ファントム戦闘機に乗るには視力も衰えていた。

ファントムに乗れなければ、自衛隊に魅力はないというので、除隊して、事業家になりたいと思い、『社長業』（産能大学出版部）という拙著を読んで、門を叩《たた》いたのである。少し、事業をかじっているが、ほとんど体《てい》を成していなかったので、「君には、まだ何もない。儲かるものは何でもやりなさい。損はしないように」という、乱暴なアドバイスをした。

その後、木村氏には、私が主宰する社長塾「無門塾」に入って勉強してもらった。他の塾生は、すでに「事業発展計画書」という秘伝書を作成し、推進していた。しかし、木村社長には、計画書は作らずに、ただひたすら、儲かる事業を探すことに時間をかけるように指導した。

ときどき、こんな人に出会うが、木村社長には、事業に対する本能的と思える勘のよさが備わっていた。

晴海通りを行くと、銀座の四丁目があり、次に築地の四丁目があって、しばらく走ると、門前仲町の四丁目がある。夏の早朝に、ゴルフに行くために、木村社長が私の車に同乗していた。この門前仲町の交差点に差し掛かった途端に、「ちょっと止めてください」と言うのだ。言われるままに止めると、交差点を渡った四つ角の右側に、三〇〇坪ほどの空き地があって、そこには、ペンペン草が生えていた。

木村社長は、「こんな高い土地を空き地にしている」と嘆くのだ。その日からわずか三日後には、その土地を借りていた。それから、また一〇日後、もっと驚いたことには、「あの土地でカラオケ店をやっているから、見に来てくれ」という電話が、別の社長塾の最中に入った。忙しかったが、塾に居合わせた二〇名ほどの社長たちと一緒に、タクシーに分乗して、門前仲町に出かけてみた。場所は、すぐにわかった。ところが、交差点を渡った右側に空き地があったはずだが、その場所に七、八台のバスが止まっていた。

そこには、子供の頃に運動会で見た、色紙を切って作った万国旗の飾りが綱にぶら下げられ、バスを囲んでチンチロリンチンチロリンと風になびいていた。

すぐに木村社長が飛び出してきて、「このバスの中がカラオケボックスです」と説明されたのには驚いた。「バスは、声や音が外へ漏れないから……」ということを、付け加えたのだ。

二〇名ほどの社長は、このバスの中で、カラオケを楽しんだ。しばらく歌って、腹が減ったという社長がいた。木村社長は、バスとバスの間にできた小さなスペースに案内してくれた。そこにアルミパイプの組み立て式テーブルと、椅子が二〇脚ほど、あっという間に用意され、焼き鳥とおでんをつまみながら、ビールを飲んだ。

全員が、結構、楽しんだが、誰言うとなく、「俺たちは、こんな終戦直後のようなことは、とてもできないな。俺たちは、すっかり上品になってしまい、格好をつけたことしかできなくなってしまった」と、木村社長の逞《たくま》しさを羨《うらや》ましがった。

後日、私どもが主催する全国経営者セミナーの講演会で、演壇に上がった木村社長に「あのカラオケで幾ら儲かったか」と尋ねてみた。「一年半で、あれは閉めたが、一億五〇〇〇万円は残った」という返答であった。「あの頃、八〇を超える業種業態の事業を手掛けた」とも言った。儲かるものは何でもやったのだ。

パチンコ・パチスロ店、不動産業、コンビニエンスストア、鮪《まぐろ》仲買業、野菜輸入業、江戸前寿司店、弁当店などをやっていた。実際にはもっと多かったが、主だった商売だけを書いてみた。それらの店を、それぞれ幾店も持っていたが、まだ、生涯を賭してやるほどの、柱になるような事業には、真実、出合ってはいなかった。

それから三年ほどたって、築地場外に三〇坪ほどの空き店舗が貸しに出たというので、相談に乗ることになった。

そこで寿司店をやりたいと言ったのだが、その理由は、木村社長が、すでに三、四店の江戸前寿司店をやっていたからであるし、また、地中海やアイルランドから鮪を買い付けて、全国の寿司店へ卸していたから、商売に馴染《なじ》みがあったのだ。

最初の相談があったとき、福岡にいたので、社長を博多へ呼び出し、活魚の「稚加榮」を見たり、寿司割烹《かっぽう》の「やま中」を案内した。

すでに、日本のあちこちに回転寿司が繁盛しかかっていた頃である。江戸前の寿司は、気の利いた店で食べると、一人前一万二〇〇〇円とか、一万五〇〇〇円という時代に、回転寿司は一人前一五〇〇円程度であった。この中間の店が少ない。一人前三〇〇〇円から七〇〇〇円までで食べることができたら、大ヒットするに違いないと思った。しかも、江戸前寿司のグレードを落とさずに開業することが、繁盛の決め手である。

築地の「すしざんまい」は、このコンセプトをもとに開業した。最初は築地に出入りされる仲買の人たちを中心に考え、早朝五時から昼までという開店時間を設定した。十分に採算に乗ったが、昼食時に、一般の人たちにも来店していただきたいと思い、「鮪の解体ショー」のイベントを、午前一一時と午後の三時以降に開いた。その途端に、お客様は夕方も、夜も満席になるほど増え、一日二四時間、三六五日、開店するようになった。

最初の三〇坪の店で、一年間が過ぎ、決算した。売り上げは、たった一店で、一〇億円を超えていた。

食べ物の店で、たった一店で、一年間の売り上げが一〇億円というのは、ほとんどない。この店の三〇メートル先に貸し店舗がまた出て、すぐにもう一店をオープンした。さらに、築地通りを銀座のほうへ行ったところに、今度は売り店舗が出た。昔から寿司をやっている老舗の別館であったが、これを買収し、宴会中心の店を開業した。

こうして、現在、一九店を展開し、売り上げも一〇〇億円を超えたが、これから、まだ五〇店、一〇〇店とタイプの異なった寿司店をオープンしたり、寿司職人の学校を設立したいという社長の夢がある。

これまで、順風のことを主体に書いたが、もちろん逆境にも数多く遭った。たとえば、メイン銀行の北海道拓殖銀行が倒れ、新しく融資を受けるために「事業発展計画書」を三日で作成し、都市銀行を招いて発表会を開いたことがあった。

木村社長の発想は、すごく豊かであるが、さらに会社を発展させるために、私は相談役に会長として田中道信氏を推薦した。田中氏は、「三愛」の社長を勤めた財界人で、この人が会長に就任して、全体が引き締まった。経営に科学が入って組織がまとまり、人が集まって定着するようになった。木村社長の動物的な感性の鋭さと、田中会長の科学的な戦略が上手にマッチして、今日の繁栄を築いている。

すべての社員は社長の代行業である

社長にとって、社員はどの一人をとっても、社長の代行役である。「兵は不祥の器にして、将の器にあらず。やむを得ず、これを用いる」という言葉もあるが、兵にも独立創業の精神を植えつけ、将としての行いを期待しなければ、代行業を的確に行ってくれない。

コンサルティング先で、社長の代行業を見事に果たしている工場長に会った。毎朝、部下の出勤より早く出て、門口に塩を積んで清め、部下が来るのを手を合わせながら待つのだ。この工場長が定年を迎えたときに、部下の全員が悲しんで、退職の延期を願った。

社長は、特に、組織の核になる人材に、大いに期待しなければ、有能な部下を育てることはできない。たとえ、工場を運営している管理職であっても、一個の経営者として期待することが、輝ける明日を創る方向なのだ。

売り上げ・利益を直接稼ぎ出す幹部だけではなく、総務や、経理や、組織を運営する部下に至るまで、独立創業の精神を、集中して長く持ち続けさせることこそ肝要である。これは、商品に対しても、サービスに対しても、お客様に対しても……すべてに対していえることだ。


京都の和菓子店「叶匠寿庵《かのうしょうじゅあん》」は、友人の芝田清二氏が創業した会社である。長く役所に勤めていたが、あと三カ月もたてば恩給がつくというときに退職をし、生涯の願いだった和菓子店に挑戦した。初めは、店を構える金がないので、修学旅行に来るバスの車窓に向かって、学生相手に饅頭《まんじゅう》を売った。苦労人である。

あるとき、私は、大阪の阪急百貨店の前を通っていると、長い行列が地下まで続いていた。何だろうと思って、行列の先頭に行くと、嬉《うれ》しいことに、そこに叶匠寿庵の、あの色紙で包んで金糸で結んだ和菓子が売られていた。長い行列の後につき、やっと一箱買って芝田氏に電話をしたことがある。

しばらくして、芝田氏は、念願叶って京都の「哲学の道」に茶室を設けて、和菓子を売った。素晴らしい茶室だった。

この茶室に、大急ぎのお客様がやってきた。お客様は、急いで和菓子を注文すると、「時間がない。五時七分の新幹線で東京へ帰るんだ。女房に頼まれたんだ」と、叫ぶように言いながらお菓子の代金を払い、待たせてあったタクシーに乗った。

ところが、女子の店員が見ると、買っていただいた和菓子が、そのままショーケースの上に残されていた。忘れて行ってしまったのだ。女子社員は、財布を持つと、すぐにお客様を追った。

京都駅に着くと、新幹線の発車のベルが鳴っていたが、飛び乗って、一号車から順にお客様を捜した。すると、八号車に、そのお客様がおられた。びっくりしたお客様は、「ありがとう」と、気を動転させるばかりで、どうしてここまでお菓子を届けてくれたのか、聞かなかったのである。女子社員は、名古屋で降りると、すぐに京都に引き返した。

三カ月ほどたって、この記事が雑誌『財界』に載った。お客様が寄稿したのである。私はそれを読むと、すぐに記事をコピーして、芝田さんに伝えた。

実は、芝田氏は、この記事のことは何も知らなかった。女子社員は、誰に命じられたわけでもなく、お客様が忘れていった和菓子を、咄嗟《とっさ》の判断で自主的に、しかも自費で届けたのである。それは、単に和菓子だけではなく、和菓子に込めた心、つまり哲学を日頃から売っていたからだ。芝田氏のDNAが、女子社員に見事に伝わっていたのだ。

私は、あまり感動的だったので、この話を、私どもが主催する「全国経営者セミナー」で、芝田氏に話してもらったことがある。話は、涙を誘うほど感動的だった。

理念がお客様を創る

パタゴニアとは、南アメリカの南緯四〇度以南の、アルゼンチンとチリの両国にまたがる地域の総称である。年間を通しての強風と、氷河と、広大なパンパでよく知られている。大自然の宝庫である。

このパタゴニアに魅せられた一人の男がいる。イボン・シュイナードである。今では七〇歳に手が届こうかという登山家である。

彼が登山を始めたのは一四歳のときだ。以来、登山に明け暮れた毎日が続いたが、あるとき、登山そのものが自然を大きく破壊していることに気づいた。たった一度の登攀《とうはん》で、何百というピトンが打ち込まれ、岩場は傷つき、岩の隙間《すきま》はこじ開けられ、岩肌は砕け落ちる。それだけではない。軟鉄製のピトンは、一度打ち込まれると引き抜くことができず、そのまま錆《さ》びて自然を汚していく。

そこで、独学で鍛造を学び、いろいろな金属を探し、ついに、繰り返して使えるクロムモリブデン鋼のピトンを開発した。ジェット機の骨組みなどにも使われている素材である。とにかく、堅くて軽く、しかも腐食しない。

もちろん、ピトンを使わないのが一番だが、どうしても使わなければならない場合は、むしろ積極的に残置して、そのエリアのガイドブックにその位置を記載する。そうすれば、後続の登山家は、そのピトンを繰り返し利用できるようになり、二度とピトンを打ち込む必要がなくなる。

このピトンは、たちまち評判となり、世界中の登山家から注文が殺到するようになった。これが、シュイナード氏の事業家としての始まりである。

以後、一貫して「企業の責任」について問い続けてきた。そして、「株主に対してでも、お客様に対してでも、社員に対してでもなく、資源元である地球に対して責任がある。健康な地球がなければ、株主も、お客様も、社員もないからだ」という結論に達した。

だから、長く保つモリブデンのピトンは、山を汚しているという意見も持つようになった。そして、シュイナード氏は、今では、ピトンなどの補助具を使わないフリークライミングを、熱烈に提唱している。

こうして、シュイナード氏の目に入った次の事業は、「綿」だった。人は、洋の東西を問わず、古くから綿を身につける。しかも、肌に直接に触れるものほど、綿が重宝され、下着や、ベッドカバーやシーツ、赤ちゃんの産着《うぶぎ》、怪我《けが》をしたときの包帯などに綿が使われている。

しかし、綿の栽培を観《み》ると、農薬に塗《まみ》れている。広い綿畑に、飛行機やヘリコプターで、収穫するまでの間、幾度となく農薬を撒《ま》く。綿花は、地球上の五三カ国で栽培されているが、いずれの国でも農薬を大量に使っている。

シュイナード氏は、「何とか農薬を使わずに綿花を栽培できないか」と、強く思うようになり、栽培国に働きかけたが、どこの国も、どの業者も、一切、耳を貸さなかった。

とうとう、自らが、農薬をまったく使わない綿花の栽培に乗り出すことになった。畑を買い、オーガニックで綿を栽培した。しかも、そこで収穫した綿花を自社で加工し、下着、Tシャツ、ジーンズ、シーツ、包帯、白衣など作り、売ることにしたのである。

社名は、シュイナード氏が魅《み》せられた自然の宝庫にちなんで「パタゴニア」とした。

日本でも、鎌倉に住む登山家が、パタゴニアを立ち上げた。高島屋をはじめ、数多くのデパートが賛同し、製品を売っているが、評判がすこぶるよい。私の事務所のすぐ近く、神田小川町の小さな路地にも、パタゴニアの店がある。そこで、家族のTシャツを買った。

パタゴニアは、地球に対する責任を果たすために、過去何年間にもわたり、収益の一部を「地球税」という形で、自然環境保護団体に寄付してきた。今では、利益は簡単に操作できるという理由から、利益に関係なく、毎年、売り上げの一パーセントを寄付することにしている。その額は、これまでで約二二億円に達する。それが、シュイナード氏の理念経営である。


理念は事業を創るし、多くのお客様を創る。

これから、成功法や繁栄法が変貌する中で、「量」でいくか、「質」でいくか、欲張って、その両方でいくか……は、リーダーとして社長が決めるべき一番の大事である。

どちらを歩もうにも一番に胸にとどめ、日々心新たに向き合わなくてはならないのは、社長自らの中に燃える、独立創業時の、「何としても成功させる」という執念に他ならない。

Unlimited Strategies
The evolving role of the president

4章

変貌する
グローバリゼーションを
とらえ繁栄する

交通機関の変貌

世の中を変える二つの根幹

グローバリゼーションとは、世界が激しく混じり合って、その後で、一つになることに違いない。

しかし、その一つになることとは、決して同一を目指すことでも、まして一国のカラーに染まることでもない。

互いの歴史も、文化も、思想や哲学も、政治や経済も、習慣さえも認め合い、しかも、互いに妥協せずに、正義や幸福とは何かを探求しながら、新しい秩序を創り上げることである。それが正しい方向性である、と思う。

地球は狭くなった。これから、地球はさらに狭く近くなり、変貌《へんぼう》していくに違いない。果たしてどのように変わっていくか、私たちはどう対応していくべきか、その方向性に対しても、スピードに対しても、大きな環境変化の潮流をとらえることが大事である。

これから、この資本主義のあり方も、事業経営のやり方も、そして成功法や繁盛法も激しく変化し、進化していくに違いない。その変化や進化の基本的な観点を、要約して述べておきたい。

まず、世の中を変える根幹は、究極のところ、たった二つである。大変貌の要因は、数多く存在するように見えるが、今昔を超えて二つしかない。

まず、一つは、「交通手段の変化と交通網の発達」であり、もう一つは、「情報手段の変化と情報網の発達」である。この二つの発達こそが、世の中の変化に大影響を与えてきた根幹の科学である。

この二つの文明の利器が大発達し、しかもネットワーク化することで、グローバリゼーションという大変貌が起こってきた。地球を狭くし、近くした張本人は、この二つである。

地球上には、現在、一九二カ国がある。先進国はG7・G8と呼ばれ、それらの国々で発展途上国と先進国との通貨問題を中心に、貿易・経済の大問題を話し合い、調整をしながら解決に当たっている。

資本主義体制をリードしている豊かな先進国は、わずか七、八カ国プラス一〇カ国程度でしかないわけである。

未《いま》だ、ほとんどの国は貧しく、発展の途上にあり、その全体が「高度工業化社会」という日本のような国を目指している。いわば、時代が新しい秩序に向かう過渡期である。この現実の競争が原理の資本主義経済の最大の欠点は、貧富の差をつくることである。この現実の解決は、実に難しい。

現在、多くの先進国は、発展途上国を生産拠点や仕入れ拠点にして、繁栄を目論《もくろ》んでいる。しかし、こういうスタイルの繁栄の多くは、一時のものである。台湾・韓国・シンガポール・マレーシアなどは、確かに、先進国の日本と比べて、進出時の物価は三〇分の一、二〇分の一であったが、物価上昇や通貨の切り上げが急で、生産拠点・仕入れ拠点としての進出のメリットは、年を追うごとに失われている。

中国・インド・タイ・ベトナム・フィリピンなどのアジア諸国も、やがて、二〇年、三〇年もたてば、生産拠点や仕入れ拠点としての利点は少なくなる。

これからは、むしろ、豊かになって購買力を有してきた発展途上国の巨大なマーケットを、顧客として狙《ねら》うことが先進国の中心戦略となる。二一世紀は、発展途上国が先進国化を目指す時代が一方にあり、もう一方には、それを先進国がサポートしたり、マーケットとして狙う時代である。その変貌は急である。

今、地球人口は、六五億人である。中国に一三億人、インドに一〇億人がいて、わずかこの二カ国で地球人口の三分の一を超えている。アジア全体に人口が集中し、地球人口の六〇パーセントを超える人々が住んでいる。

アジアだけを考えても、日本の人口の約六〇倍ものマーケットが誕生する時代になっている。

それらの国々は、日米欧の技術移転の結果、同等の技術を持ち、よい商品を安価で作れる。したがって、やがて強力な競争相手、ライバルにもなる。日本は、最先端で高額なもので戦うことが、新しい戦略課題となってきた。

これから、人類は、かつて経験したこともないスピードで移動し、混じり合っていくに違いない。時には、国への帰属意識よりも、特定の職業や企業や考え方に帰属する人々が増えたりしていくし、文明も、文化も、哲学も、宗教も、食も、衣も、スポーツも、生活習慣も、ことごとく混じり合うスタート台に立っているのだ。混乱は、最初の試練である。

しかし、こういう流れは、確実な流れであり、誰も止めることはできない。他の選択肢はないのだ。

戦争・テロ・過当な競争・不公平な利害・貧富の差・迫害・温暖化・病気・犯罪……と、混乱は多く、しかも、続く。

我々は、なぜ、こういう混乱や大変貌を急いで起こしているか、根幹のメカニズムに焦点を合わせて、正しくとらえていかなければ、時代の先見を誤ったり、繁栄法や成功法を見失ってしまうことになりかねない。

陸も、海も、空も一つになった

人は、歩くことの代替に駕籠《かご》を乗り物として開発し、人も物も運んだ。それを牛馬の力を借りて、牛車や馬車に変えた。牛馬のエネルギーは人力より強く、速く、しかも遠くまで運べたからだ。そして、長い歴史の果てに、その動物の力を石炭や石油エネルギーに変えた。

レールを敷いて機関車を走らせ、牛や馬よりも速く、遠方まで、多く運ぶことに成功した。しかし、今でも、我々は、よく「何馬力か」などと尋ねる。「ワン・ハンドレット・ホース・パワー」というのは、機関車のパワーを示して英国で使われたし、日本でもよく使われている。

今では、中小ロットの運行に自動車を使うようになって、レール以外に自動車専用の高規格道路、つまり高速道路を敷いて都市から都市、田舎《いなか》から都市を結んでいる。しかも、道路は、人用・自動車用・自転車用に分けて作っている。ネットワーク化が進んでいるのである。

ときどき、思うが、舟はどこか水鳥に似ている。特に、帆船はそっくりである。その舟も、櫓《ろ》を用いて人力で水を掻《か》く原始的なものは、レジャーやスポーツとして残しているだけだ。陸で、馬車や牛車を捨てたように、先進国では、遠方や大量の輸送や、スピードを求める水上運搬に、帆船を捨てて、エンジンを搭載した。七つの海と五つの大陸を結ぶ大量輸送にエンジン船を航行させている。

海や川の駅は港湾である。船が大型化され、高速化されて往来する相手国が変わると、港は場所やサイズや付帯する施設も変えなければ、競争に負けてしまう時代が来ている。船も港も複合的になっていく。

やがて、核を燃料に使った潜水艦まで開発したが、これもどこか魚やイルカに似ている。鳥のように世界を飛びたいという夢を、人類は早くから描いていた。ライト兄弟以前に、ダ・ヴィンチがいたし、日本人の表具師、浮田幸吉も飛行機の骨組みを描き、模型まで作って、橋の上から飛んでいる。人類は、模型飛行機を作り、プロペラを開発し、やがてエンジンを積むことに成功し、あっという間にエンジンをジェット化した。

今では、垂直に離陸できるハリア・ジェット機や、ジェット・ヘリを作って、より速く、より遠くまで、より便利で、安全で、大量にという思いを実現している。

また、現代人は、過度の競争に勝つ目的で、大幅な経済効率にも挑んできた。かつて、一〇〇人乗りの旅客機をエアバスやジャンボにして五〇〇人乗りにし、やがて八〇〇人も乗れるものにチャレンジしている。コストダウンは次々に成功し、安価な旅行や、交易の輪も広がり、地球はさらに狭くなってさせている。

七つの海と五つの大陸を結ぶ基幹の次には、近距離をつなぐ高速のネットワークが進化してゆく。これから地球全体において、人も企業も混合し、過密になり、新しい秩序が必要な時代になってきた。今では、陸も、海も、空も、交通機関は網のように張り巡らされている。

人の移動、物の移動、企業の移動、文化の移動、哲学や思想や宗教の移動、習慣の異なる民族の共生が盛んになる。

もちろん、負の移動も多い。病気は地球規模になっている。エイズも、エボラ出血熱も、BSEや鳥インフルエンザも、西ナイル熱も、熱帯から温帯へ、温帯から寒帯へと国境を越えて流行《はや》っている。

犯罪も同じである。環境や、生活習慣や、信仰する神の違いは難しい。犯罪の手口の多様化などは、銃社会でない日本にとっては特に心配なことである。これまでの日本の社会秩序、法整備はよかったが、他民族の進出は、この平和な国を一時期、乱していくに違いない。

私の刎頸《ふんけい》の友である行徳哲男氏は、大正時代に日本にやってきたアインシュタインの言葉を引いて、いつも、こう説いている。「人類は、愚かにも幾度も戦争をし、傷つけ合い、やがて疲れ果てるに違いない。しかし、そのとき、神が日本という平和な国をつくってくれたことに感謝する日が来る。人類は、行き着くところのない苦しみを経験し、その果てに日本人の優しい生き方を求めるようになる」と。

「七つの海と五つの大陸」の変貌

地球上には、七つの海と五つの大陸がある。もっとも、この分け方は、かなり主観的なもので、時代によって、その数や位置がかなり異なる。

かつては、地球は平らだと考えられていたから、一つの海、一つの大陸しかなかったわけだ。やがて、マゼランが世界一周航海に成功して、地球が球体で、いろいろな海や大陸があることがわかった。しかし、コロンブスがインドを目指して、アメリカに到達してしまったように、航海技術も機関も、はなはだ稚拙だった。いわば、点と点の結びつきに過ぎなかった。

それが、交通機関と交通網の飛躍的な発達によって、七つの海と五つの大陸が網の目のようにつながれ、結びつきを強めるとともに、地球を狭くし、昔のように一つの海、一つの大陸にしてしまった。今、七つの海と五つの大陸を問われて、即答できる人は数少ない。実体を失って久しいからだ。

パンアメリカン・ハイウエーというのがある。南北のアメリカ大陸を、すでに、一つに結んでいる。アラスカのフェアバンクスを起点に、北アメリカ大陸西海岸から中西部を通ってメキシコへ抜け、中米を通って南アメリカ大陸の西岸を走り、チリのサンチアゴから東へルートを変えてアンデス山脈を越え、アルゼンチンのブエノスアイレスに至り、さらに南下して南端のティエラ・デル・フエゴに到達する。本線は全長四万八〇〇〇キロメートルにも及ぶといわれ、この他に主要都市間を結ぶいくつもの支線が分かれている。

ヨーロッパでは、ドイツのアウトバーンに代表されるように、ハイウエー網が古くから整備されていたが、特にEU、拡大EUの新時代を迎え、各国間の移動が自由となったために、ハイウエー網の果たす役割が、ますます重要になっている。ネットワークが隅々まで広がり、利便性を増し、いっそうスピーディになった。

そして、このヨーロッパ・ハイウエー網と、アジア・ハイウエー網が、一つに結ばれようとしている。シルクロードの現代版である。さらに、近い将来には、トランス・アフリカンハイウエーも整備され、ユーラシア大陸とアフリカ大陸が一つになる日を迎えるに違いない。

繁栄を乗せて走るアジア・ハイウエー

日本にとって一番身近で、決定的な影響力を持つのは、アジア・ハイウエーである。アジアの三二カ国を結ぶ、総延長一四万キロメートルの国際幹線道路網が、具体的に構想されている。ものすごいインパクトを孕《はら》みながら、残念なことに、意外と知られていないのが現状である。

東京を起点として福岡まで南下し、そこから韓国の釜山《プサン》へはフェリーで渡り、中国の北京を経て東アジア、南アジア、中東のトルコへ至り、そこで既存のヨーロッパ・ハイウエー網に接続して、最終的にはフィンランドの国境に達する壮大な構想である。マルコ・ポーロの「東方見聞録」の夢が、ついに実現する。

シンガポールやインドの旅行者が、車で韓国や日本を訪れる。東南アジアや中国の物資がトルコを経てヨーロッパ各国へトラックで運ばれ、アジアの多くの内陸国が道路で港と直結される……まさに交通革命である。

道路交通の変貌と進化は、日本国内ばかりではないことを、よく知っておくべきである。広く世界に目を転じなければ、繁栄のチャンスを見逃すことになる。新たな道路網によって、世界中の経済勢力と交易のあり方が一気に大きく変わってしまうからだ。

道路は、変化をもたらす根幹であるが、日本人は、そういう観点から物事を考えないし、政治や事業の中枢にいる人たちにも、対応策がまったくない。怖いものだ。

社長の視点として最も重要なのは、アジア・ハイウエー構想の実現によって、中国がますます世界経済に対する影響力を強めていく一方で、日本の地盤沈下が加速する恐れがあるということである。

アジア・ハイウエー一四万キロメートルの約五分の一が中国内にあり、多くの内陸国は中国を通らなければ港に到達できない。

昨今の中国経済の目覚ましい発展は、周辺国に大きなビジネスチャンスをもたらし、アジア経済全体を牽引《けんいん》する原動力となっている。もはや、中国市場との結びつきを抜きに、アジア各国間の交易、経済の発展は語れなくなってきている。名実ともに、中国はアジアの盟主国になりつつある。

極東の国・日本の採るべき繁栄戦略は、超精密や微細やデジタルで付加価値の高いハイテク商品である。中国一三億人市場、インド一〇億人市場に積極的に進出し、販売網を築くことである。そのための物流インフラが、アジア・ハイウエーによってもたらされる。それだけ、日本にとって有利な条件が整うことになる。

中国やアジア諸国を生産拠点・仕入れ拠点と考える時代は、急速に終焉《しゅうえん》に向かっている。中国、インド経済の着実な発展とともに、購買力の高い富裕層が、日本の総人口をはるかに超えて生まれているのだ。

アジア・ハイウエーの完成を見越して、日本国内の物流インフラを早急に整備しなければならない。そのためには、アメリカやヨーロッパのほうばかり見て、太平洋側に偏重してきた高速道路網や、港湾施設を見直し、日本海岸に倉庫を建設し、核都市と港を戦略的に結ぶときが来ている。日本海岸に工場を持つ多くの事業が、神戸や横浜へ大きく迂回《うかい》して商売を行っている愚を、いつまでも続けてはいけない。日本海側にインフラを重点的に配備していくことが急務である。

車よりも熊のほうが多いところに高速道路を走らせる必要は毛頭ないが、縮こまった思想で、「脱公共事業」を叫ぶのではなく、日本の長期的な世界戦略として、日本海側に高規格道路網をはじめ、最新の港湾施設や物流拠点を設け、アジア・ハイウエーと縦横に結びつくようにしなければならない。これこそが、日本の生き残る道である。

地球を陸も、海も、空も、網の目のように結んで、新しいルールや秩序をつくり、それを全世界の人々が抵抗なく運用して、初めて地球も、世界も一つになる。その根幹は、まず交通網であり、もう一つは情報網である。

交通網で繁盛立地が変わる

日本中で、バイパス道や圏央道や、大きい道が造られ、中心街に人が集まらなくなって、困惑状態である。そういう大きな道には、「道の駅」も造られた。人も車も分散し、集中を二分した。一度分散した人の流れは戻らない。会社や学校への通勤通学のルートは、固定してしまい、店頭販売業態の繁盛・衰退を決定的にしてしまう。

国道一号線と並行して西湘バイパスが神奈川県にできた。長い間、国道一号線沿いにあって繁盛していた数々の店が一大変化に遭って、急に店を閉めたり、移ったりすることを余儀なくされた典型である。しかし、それを勉強しなかった。国の至るところで繁盛立地が変わって、慌てて町おこし、村おこしに取り掛かっている姿を目にする。

大きい道路だけではない。ごく小さい歩道や、車の一方通行標示でも、繁盛を左右するものだ。

これまで、駅のすぐ側《そば》にあった横断歩道を、車の往来が激しいという理由で、トンネルにした途端に、そのトンネルの入り口出口で繁盛と衰退とを分けてしまった。踏切を高架線にして、街は美しくなったが、活気をなくした街もある。

しかし、逆に駅が新しくできたり、高速道路のインターチェンジが設けられて、さまざまな企業や住宅が集まり、多くの人が往来し、地価が上がって、大繁盛した街も多い。確かに、その場所に長く住んできた人々にとって、環境が急変したり、騒音や排気ガスの問題が起こることは、悲しい現実である。それらを検討して対策を講じたら、デメリットに余るメリットがあることを、住民や関係する人々に説明すべきだ。

小田急線の急行で、新宿から二一分行ったところに「新百合ヶ丘駅」がある。一つ新宿寄りには「百合ヶ丘駅」があり、一つ先には「柿生駅」がある。この二つの駅には急行が止まらない。

新百合ヶ丘は、後からできた駅である。当初は、百合ヶ丘駅の評判がよく、スーパーマーケットや銀行や商店街が集中していた。ところが、この百合ヶ丘は、駅前が複雑で非常に狭く、駅に隣接して幹線道路の世田谷通りが走っている。それでも、人々は住み慣れると、それが自然だと思うようになる。やがて、利権が生じて、新しい開発が一切できなくなった。

そこで、すぐ隣接して新百合ヶ丘駅が計画された。辺り一面、山林だったので反対もなく、スーパーマーケットも、ホテルも、映画館も、市役所までつくられた。今では、新百合ヶ丘に人口が集中する一方で、地価も高く、活気に溢《あふ》れる街になっている。小田急線沿線で最も評判が高い。多くの人々は、急行で百合ヶ丘を通りすごして、新百合ヶ丘で下車する。

何でも反対というのは疑問だし、また、何でも強引に推し進めることにも問題がある。交通の要所が他に移ったために、繁盛の逆転現象が起こるからだ。

過密や過疎現象、繁盛と衰退現象の多くは、交通網・交通機関が起因している。決して景色の良し悪《あ》しで、繁盛は起こらない。しかし昨今、住むことにおける魅力の違いが生じるようになった。特に大都市では、この傾向が強く、「広く、近く、安く、自然が美しい」ところに人が住む。

新しい繁盛地のとらえ方

平成一七年八月二四日、東京と郊外を結ぶ「つくばエクスプレス」が開業した。都心の秋葉原駅から筑波まで、二〇の駅が造られ、快速と普通電車が通った。

つくばエクスプレスは、地下鉄日比谷線および千代田線、さらに東武鉄道の北千住駅と連絡しているし、上野から取手までの常磐線快速とも北千住で連絡している。始発の秋葉原から終点の筑波まで、快速で行けば四五分である。並行して走る常磐線各駅停車は停車する駅が多く、所要時間がかかり、混雑もひどいので、客を相当奪われている。

一日当たりの利用客一三・五万人を想定していたが、開業初年度の決算では、その数をはるかに超えて一五万人が利用した。また、営業収益も九〇億円の予想に対して一四〇億円と、好スタートを切っている。

つくばエクスプレスの駅周辺は、未だ開発途上であるが、非常に人気が高い。沿線地価は、比較にならないほど高騰したが、新しくて、美しいから、買い替え人口が確実に増えている。開業五年後の二〇一〇年度には、沿線開発の進展や、他の鉄道からの利用換えなどによる需要拡大で、一日当たり二七万人の利用客を強気に見込んでいる。

また、「みなとみらい線」が、平成一六年二月一日に開業した。神奈川県と横浜市などが出資した第三セクターが事業主である。

わずか五つの駅で、全長四・一キロメートル、全区間が地下鉄であるが、開業と同時に、東急東横線と相互乗り入れを開始した。それまで、横浜駅と桜木町駅間を走っていた東急東横線のこの区間は廃止となった。

みなとみらい線の横浜から向こうの五つの駅は、「新高島」「みなとみらい」「馬車道」「日本大通り」「元町・中華街」であるが、横浜の最新観光スポットと伝統的な名所を結んでいる。人々は、渋谷から横浜のこの地域に雪崩《なだれ》を打って押し寄せた。バブル崩壊の不振の中で、ここだけが賑《にぎ》わい、一人勝ちといわれる風情を呈した。

日曜・休日ともなれば、これまで、横浜近郊に住んでいる人々でさえ、東京へ買い物に行っていたが、今では完全に流れが変わって、横浜に向かうようになった。

横浜みなと祭りも、各種イベントも、これまでとは比べものにならないほど大勢集客するようになった。

私も、現住所は神奈川県である。息子の友人である昆虫彫刻家の佐藤正和君が、横浜の高島屋で個展を開いたので、休日に横浜の新しい街を、見物を兼ねて出かけてみた。その日は、みなと祭りの初日で、想像をはるかに超える人混みに出くわした。地下街も、地上も動きが取れない。近県各地に住んでいる人や、神奈川に住んでいる人が、ドッと押しかけてきたように感じた。

後日、知り合いの社長に案内してもらい、赤レンガ館通りや、馬車道の海員会館へ行ってみたが、平日でも、様変わりのように人が多かった。交通機関は、変化の根幹だということを身にしみて感じた。

中国への新視点

思えば、日本はその発展の過程で、太平洋岸に主な港湾や高速道路網を築いてきた。神戸も、横浜も、大規模な港は太平洋岸にある。日本海側には立派な港はない。日本は、アメリカやヨーロッパのほうばかりを見てきたわけだ。機械文明や物質文明が、より発達していた国々を見ていたのだ。

しかし、昨今、地球上をよく見渡してみると、つきあうべき有利な相手国は、昔とだいぶ異なってきた。交通網も、情報網も、変化を創造する根幹のものだけに、急いで新しい仕組みを考えるときが到来している。視点は次のとおりである。

わかりやすく簡単に言うと、現在、世界には四つの経済ブロックが存在している。

まずEU（European Union）があるが、昨今、EUは拡大し、新しく一〇カ国が付け加わったことで二五カ国になった。新しく加わった一〇カ国は、いわば、日本における中国や韓国や台湾のように、発展途上国である。ただ、労働の質は、アジアに比べると少し高い。

ＥＵは独自通貨「ユーロ」を発行し、世界に先駆けて経済ブロックを築いて、あたかも一国のように経営して大国に対抗し、発展する実験をしている。

これに比べ、ＮＡＦＴＡ（North American Free Trade Agreement）は、アメリカを中心としたカナダとメキシコの経済ブロックである。アメリカとカナダは先進国であるが、メキシコは発展途上国である。

メキシコは、日本における中国の役日をしているといえる。つまり、アメリカ・カナダの生産拠点、仕入れ拠点として安価な商品や労働力を提供する立場をとっている。共通通貨はまだない。

ただ、アメリカは、長い間、世界の経済を支えてきた。製造業態の事業が多かったし、そこから供給されてきた先端的な商品は、世界中に広がった。他の国々は、それを学び、時には模倣して発展してきた。日本では、戦後約六〇年もの長期にわたって、対米貿易こそが経済復興の大きな支えとなってきた。アメリカは、同胞としてよく面倒を見てくれたと思うべきである。

確かに、今では、学ぶべき商品やビジネスモデルが少ない。アメリカは、世界中で最も豊かな消費国・需要国・輸入国になってしまった。しかし、現在でも、世界最大の経済大国であり、日本の重要な貿易・通商の相手国でもある。EUにとっても、中国にとっても同じことである。

日本は、ASEAN（Association of South-East Asian Nations）の一員である。しかも、アジアで唯一のG7のメンバーなのだ。日本は、この六〇年の間に技術を磨き、完全に復興し、新しいマーケットをアメリカ以外にヨーロッパにも求め、成長してきた。それが、日本に対する先進諸国の見方である。しかし、昨今では対中貿易がこれに代わって第一位となっている。

もちろん、対中貿易と対米貿易の中身はかなり違う。アメリカに輸出している日本商品の一部は、アメリカ自身が製造した商品より優れ、かつ安い。アメリカのジレンマは、ジャパン・バッシングとなって表面化し、日本人はエコノミック・アニマルとまでも言われた。これが流れであった。ヨーロッパの先進国に対しても、同様であった。

ところが、第一位になった対中貿易の中身は、アメリカに対する直接的な商品の輸出攻勢と異なって、日本企業の中国進出による、いわば間接的なものや、傀儡《かいらい》的なものが多い。

そうすることによって、アメリカやヨーロッパのバッシングをかわしているのが、現実である。それは、大きな違いである。明らかに中身が変わったと認識すべきである。今や、アメリカやヨーロッパの苦しみやジレンマの相手国は、中国であり、日本ではない。さらに、アメリカ自身を加え、中国に進出している数々の国々に矛先が代わってしまったのだ。

Mercosurという、もう一つの経済ブロックがある。ブラジル、アルゼンチン、パラグアイ、ウルグアイなどが所属している南米の経済圏である。これらの国々は、未成熟で、物価は安いが治安がよくない。農業中心から、少しずつ工業に移行している段階で、日本に大影響を及ぼすには至っていない。

また、AU(African Union)という五番目の経済ブロックが、アフリカに登場した。しかし、アフリカ諸国は未知数である。

「業態別取り分」の視点で世界経済を見る

中国がこれほどまでに急成長し、豊かになりつつある原因には、世界中のメーカーが続々と中国に移転したことが理由にある。

業種というのは、事業の取扱商品によって区分した見方である。しかし、業態というものは、事業のやり方による区分で、より経営的であり、販売手法的でもある。「メーカー」「問屋」「小売り」という区分は、それに「業」という文字をつけるとわかりやすいが、最も大雑把な経営のやり方、すなわち業態を指している。他にも「店頭販売業」とか、「訪問販売業」「通信販売業」「配置販売業」「展示販売業」という業態区分もある。

このように、事業は「業態別」に診《み》ると、それぞれ売り上げや粗利益の取り分が異なって存在していることがわかる。

つまり、末端価格に占める「メーカーという業態」の取り分は、約七〇パーセントである。「問屋業態」は一〇パーセントを、末端の「小売業態」は二〇パーセントを取るのが標準的な決まりである。もちろん、力関係で多少の差異は生じている。

このことは、メーカーという業態こそ、最も多くの取り分を持ち、最も多くの労働人口を食べさせていける業態だということを意味している。そのメーカーが中国へ堰《せき》を切って移転しているのである。中国が富むのは、当然のことなのだ。メカニズムが、そうなっているからだ。空洞化は必然の結果である。

メーカーが移転することで、雇用の不安は、むしろ先進国に起こり、日本でも、失業率が四パーセントを超え、五パーセントに及ぶような時期もあった。それでも、激しい競争に勝つために、中国を生産拠点とし、仕入れ拠点にしている国は多い。中国は象徴的な例であるが、実際でもある。

アメリカにレーガン政権が誕生して間もない一九八〇年代に、不況を打破するために、製造業の復権を叫んで、シリコンバレーに先端産業を集めて大成功した事実がある。その主体は、ＩＴを使った製造業である。

知識産業やサービス業は台頭しても、第三次産業革命などとどんなに格好いい表現をしても、アメリカを救ったのは情報という製造業であった。

資本主義の成功の仕組みは、この「業能別取り分」の問題を除いては何も語れない。それが基本である。

一つの商品が流通ネットに乗って末端まで流れたときの、それぞれの業態の取り分が多いほど豊かな社会が創造でき、国が富んでくる。七〇パーセントもの取り分がある製造業こそ、狙うべき業態である。

こういう実態を覆すほどの業態は、未だ地球上には生まれていない。先に生まれた農業も、漁業も、もちろん大事ではあっても、増え続ける地球人口を食べさせていけるだけの取り分を持つ産業ではない。

もし、たとえばその取り分が製造業を超えていたとしても、その業態は、一時的であり、規模が小さく、決して長く続いてはいかない。それについて、社長としての冷静な視点がなければならない。

また、発展途上国が、徐々に先進国化してきたこれまでの過程を見ればわかるとおり、その発展は、必ず、先進国に存在している製造業の下請的事業や受注事業をベースにして、もたらされたものである。

台湾でも、韓国でも、中国でも、これと同じことが起こっている。なかには、大規模なEMS工場を築き、テレビや冷蔵庫やコンピュータといった完成品を、大量に、しかも安く製造することで、競争に勝つという受注態勢の事業もつくった。製造業が資本主義の主役である。

今日、中国が豊かさへ向かうようになったのは、その過程で全世界からこういう製造業が集中して移ってきたことによっているのだ。

「情報」を制するものが「成功」を制する

情報機器の発達を早めた戦争

昨今、矢継ぎ早に戦争や、対テロ攻撃とか、防衛戦をテレビで見てきた。生命を張った現場を、まるでゲームのように見た。生々しい映像は、自分が戦場にいるように恐ろし気である。

かつて、戦争には欠かせない情報収集に、斥候というものがあった。敵の動向や地形をこっそり人力で偵察し、後方に知らせる役目である。

ところが、現代の戦争では、情報収集の方法論がまったく異なっていて、恐ろしい限りである。それを、まるでゲームのように、毎日毎日、テレビで克明に見た。

アフガニスタンへの攻撃が、三日三晩続いた。光が空一面に交差して、まるで花火を見るようであった。敵はほとんど無抵抗で、いよいよ最後は地上戦かと思って見ていたら、新しい攻撃部隊がパラシュートで降下してきた。テレビでは空挺《くうてい》部隊だと言っていたが、人数は決して多くはなかった。一〇〇〇人とか五〇〇〇〇人とかの単位ではなく、一〇〇人とか二〇〇人とかいう小部隊の単位に見えた。

このように、予想外に少人数であったが、ただ部隊は一様にその背中にリュックのようなものを背負っていた。彼らは数千メートル先の山に、火が動いたのを見て、背負っていたコンピュータから衛星へ連絡する。連絡を受信した軍事衛星は、それを直ちに爆撃機に伝える。位置の指示を受けた爆撃機は、ピンポイントで、山頂や横穴に隠れた敵を攻撃するのである。それを、テレビで見たのだ。実戦を修正しないで、そのままで見る迫力はすごいし、恐ろしい。

戦争のやり方が変わった。イラクの戦争も同様だった。むしろ、イラクは、空中戦が過ぎて、地上戦や平和部隊と称する各国の兵隊が入ってからが混乱し、終結をみない長い内戦のようになった。普通の、昔ながらの戦争となった。

情報機器は、戦争によって進歩してきた嫌いがある。斥候も、狼煙《のろし》も、衛星も、軍事用が先行した。戦争によって、早い発達が起こった。

もちろん、一般社会でも情報機器や、そのネットワークは盛んになって、地球を狭くしてきたわけであるが、戦争の発達には、スピードも性能もかなわない。それが、民生用として一般社会に降りてきたのだ。

物理的な条件を乗り越える伝達機器の進化

瓦版《かわらばん》は、江戸時代の一般庶民のニュース紙であった。まず、ニュースを、粘土に釘《くぎ》状のもので書く。今度は、それに墨をつけて反転の文字を作り、もう一度それをなぞって書き直す。印鑑と同じで、反転した文字に墨をつけて印刷したものが瓦版の原型である。要するに、活版印刷なのだ。

グーテンベルクは、版を機械にかけて動かし、いくつもの版を重ねることで色刷りにした。また、「双紙《そうし》」は、一枚ものではなく、小説のようなページ物を印刷し、広く読まれるようにしたものだ。

新聞も、単行本も、雑誌も、チラシも、ポスターも紙媒体の、いわば情報誌紙、情報機器である。

その伝達機器に、電気を加えた。エジソンやベルが登場し、時代を一変させてしまった。電話、ラジオ、テレビ、コンピュータが開発され、今やアクセスに使う端末は、パソコンや携帯電話に限らなくなった。冷蔵庫にも、電子レンジといった家電製品にも、自動車やベンディングマシン（自動販売機）にまで接続されている。しかも、自由度を高めるために、情報端末はケーブルではなく、無線ＬＡＮやブルートゥース無線ネットワークで接続されるようになった。いよいよユビキタス時代になったのだ。

　また、ＩＣタグと呼ばれる端末機器は、一般市場で売られている商品の生産履歴を伝えるまで変化してきた。

　従来は、バーコードと売り場のＰＯＳで、需要の傾向や売れ筋商品をつかんでいた。確かに、何が、どの売り場で、いつ、どのくらいの量が売れているかをとらえるのには便利であった。

　しかし、昨今の販売戦略では、はるかに多くの商品情報が要求される。野菜でたとえれば、誰が、どこの産地で、どんな種を蒔《ま》き、どんな肥料や農薬を与え、何日の何時に収穫し、どこの運送会社が運んだか……までの詳しい履歴を知りたいのだ。そこに、ＩＣタグという、いわば電子荷札が登場し、それらを詳細にメモってくれる。

　農産物にも、海産物にも、畜産物にも、衣類にも、商品という商品に用いられる時代が来た。トレーサビリティである。

　ＩＣタグの登場は、需要の予測、売れ筋商品の生産量や仕入れ数量の決定、売り場の展示や分類、広告宣伝、在庫管理、運輸や物流管理に至るまで、大きな影響を与え、オペレーションが簡単にできるようになった。実に便利である。ＩＣタグは、これから大量に使われるようになる。早く導入する会社と、遅い会社の格差が開く。

情報機器の発達によって、人間は行ったこともない地域の情報をキャッチできるようになった。

地球には、北半球と南半球がある。季節はまったく逆に動き、東西で時差がある。日本の夏は、ニュージーランドでは冬である。北海道の幾つものニセコのスキー場が、バブルの崩壊後、オーストラリアやニュージーランドの事業家に買われた。オーストラリアやニュージーランドの人々は夏場の避暑と、冬場のスポーツを楽しむために、ニセコへ大挙して押しかける。時差がほとんどない南北の旅行は、快適なのだ。

インドとアメリカには時差がある。ニューヨークとニューデリーの時差は、一四時間二〇分である。第二次世界大戦以前は、インドは英国領であった。つまり、英語圏である。しかも、古くはサンスクリット語を用い、二進法であった。二進法は、すべての数を0と1の組み合わせで表す方法で、コンピュータに応用されている。

インド人は、最もコンピュータに向いているわけである。だから、インドの工科大学には、IBMをはじめ、数多くのコンピュータにかかわる会社や研究所が進出しているし、実際にニューヨークやロンドンで昼間にコンピュータを動かし、夜になると、朝を迎えたインドへ仕事を移管している。一日、二四時間、一年間、三六五日である。

地球は、確かに地理であり、距離であり、時間であるが、情報機器と交通機器の発達によって、これらの物理的な条件をはるかに乗り越えて、考えざるを得なくなってきた。

繁盛法も、成功法も、交通機器と情報機器の発達によって、大変貌している。交通や情報の発達を否定したら、確実に時代遅れとなり、変化や流れに取り残され、発展と繁栄は望めない。

占有率一〇パーセントが知名度の分岐点

情報は、文化や文明の担い手と言われている。確かに、心を躍らされるような小説も、芝居も、映画も、そしてニュースや趣味を伝える新聞も、雑誌も、さらにそれらを電波や、さまざまな回線に乗せて伝えるテレビも、インターネットも、電話も、文明や文化の発達している国々に、顕著に存在している。

しかし、原始的な社会に情報の担い手が皆無だったかというと、決してそうではない。絵も、文字も存在していたし、それは今につながっている。文明・文化の発展の過程が、そういう担い手の存在を、興味深く解明している。

ただ、現代社会になって、急速に情報の機器や、それに乗せるソフトが発達した。それは、資本主義そのものが競争によって成り立っているからである。

競争社会で事業経営を推進するときに、知名度が高まれば、仕事がしやすい。無名でお客様に指名されない商品が、有名になっただけで、指名され、売れるようになる。

この知名度を高めるために、広告や宣伝が生まれ、その戦略・戦術の良し悪しが、商品の売り上げを左右するようになってきた。

その科学の第一番手が、マーケットの占有率である。自社が売っている市場を細分化し、その中で占有率が一〇パーセントを超えたときに、有名になると教えている。

一〇パーセントの点を「知名度の点」と呼んでいるが、社名、商品名と同じように、人名という「名」を高めるために、国を挙げて躍起になることがある。選挙である。

ある都市で、五人が当選する選挙の場合、幾人立候補しても、五分の一、つまり二〇パーセントを超える得票数であれば、必ず当選することになる。それは、選挙地盤を細分化して事務所を置き、それぞれで二〇パーセントを超える努力をする必要があるという、マーケティング戦略そのものを実行すべきことを示唆している。

一人区では、五〇パーセントを超えると当選だし、三人区では三三パーセントを一パーセントでも超えたときに当選する仕組みである。

事業経営でも選挙も、成功の道理は同じである。

事業経営における広告宣伝、販売促進というマーケティング戦略の活動は、情報そのものを科学として著しく発達させた。

小説や、芝居や、映画といったものを乗せる媒体やソフトの種類の豊富さや、ハード面での素晴らしい発達には驚かされるが、それと並行して、広告宣伝も発達してきた。

喜怒哀楽、「五感」に訴えて繁栄する

テレビ・インターネット・ラジオ・新聞・雑誌・携帯電話・チラシ・看板・ダイレクトメール・カタログ・各種専門誌・単行本・フリーペーパーをはじめ、今では、多くの人目につき、人の耳に聞こえる異色の媒体が登場している。

口コミ・目コミにも、乗り物である飛行機、タクシー・バス、時には着るものも媒体として有望となった。

広島市に「胡《えびす》タクシー」という会社がある。

社長は女性で、長井馨子さんである。この人が、「うちの会社は、タクシーの保有台数が少ない。しかし、人気商売だから名を広めたい」と、相談に来られた。

友人に針間直美さんという芸大出身の、動物画で有名なデザイナーがいたので、すぐにこの人を呼んで、タクシーのボディに、まず、ピンクのイルカを描いてもらった。すると、街中で子供たちに人気があって、指名されることがわかったので、続いてブルーのサイをペインティングした。

街を走るタクシーを、子供や主婦がどう感じるかがわからないと、発想できないことだ。もう二〇年も前になるが、今でも会社を興すのに役立ったものと確信している。

その後、飛行機やバスのボディペインティングへと一般化し、Ｔシャツのプリンティングなども増えた。


情報のこういう側面は、人間そのものを熟知していないと、ひらめくことが少ない。

人間の五感は、視覚・聴覚・嗅覚《きゅうかく》・味覚・触覚をいうが、それを感じる五官とは、念のために書くと、目・耳・鼻・舌・皮膚を指している。

大事なことは、絵は目で見て、視覚だけに感動を訴求する世界である。だから、絵を口で舐《な》めても、味では評価できない。視覚を磨き、どんな色や形や構図が売れるかを判断し、展示しなければならない。

音楽は聴覚である。耳がよくないと、いい音楽は基本的には聴けない。BGMも、商品やサービスがよく売れる大事な要因である。五感を活《い》かした経営や商品開発については先に述べたとおりである。


よく考えてほしいのは、我々は、人間こそが変化してきたように錯覚をしているが、決してそうではないということだ。人間は、そう変化はしていない。

たとえば、情とは、喜怒哀楽のことであるが、親と子供の愛情には、今昔を超えても、そんなに大きな変化を感じない。一〇〇〇年前の母親がわが子を愛していたその情と、一〇〇年前の母親のわが子に対する愛情と、今の母親のわが子に対する愛情に差があるとは思えない。その深さも強さも、喜びも悲しみも、同じ程度である。

こういうことが、情を報《しら》せる世界、つまり情報の世界の根本である。

親と子だけではない。同じように、男と女の愛にも変化はない。憎しみにも、苦しみにも、悲しみにも、妬《ねた》ましさにも、変化があるわけがない。

シェイクスピアの「ロミオとジュリエット」や「マクベス」や「リヤ王」を、今、見ても、感動する。今昔を超えているのだ。近松門左衛門の心中もの「心中天網島《てんのあみじま》」「曾根崎心中」には、今でも感動する。洋の東西には、まったく関係ない。

情報や交通、世界情勢がいかに変化しようとも、私たち人間の五感、そしてその五感がキャッチするセンサーに、変わりはない。必要なのは、新しいことを弾力的に受けとめること。

弾力的とは、いつでも、どんなときでも、頭を空にしておく境地に自分を置くことだ。強い固定観念や、信念に近い考え方に固執していると、他の意見に否定的になり、時には近づいてくる儲《もう》けの種まで見えなくなり、見過ごしてしまう。およそ年齢に関係なく、誰でも視点が固定していると、後ろ向きになるものだ。

人間は弱い生き物であるから、ともすれば「もう十分だ」「これでいい」と保身に回りそうになる。その弱さに打ち勝って末永く繁栄し続けるためにも、世の中のあらゆる大変貌に対して、「頭が固定的なことほど、後ろ向きなことはない」という心構えを持たなければならない。

あとがき

資本主義は、競争が原理である。

会社が互いに激しく競い合うことで、商品やサービスや技術を磨き、お客様に強く必要とされる会社だけが、生き残って栄えていけるシステムである。

食も、衣も、住も、さらには人生をもっと楽しむための数々の商品をも開発し、販売し、サービスして、良し悪《あ》しを比較する。敵は、同業他社である。規模を競い、質を競い、儲《もう》けを競っていくのである。

こういう儲けの科学、事業の成功法は時系列で進化し、変貌《へんぼう》している。常に、進行形である。

私の代だけでも、戦争が起こり、不況・インフレ・デフレ・食糧難・制度改革・素材改革・共産圏崩壊・バブルとその崩壊・エネルギー変化・グローバリゼーション・人口減少・老齢社会・新成長産業の登場・新マーケットの誕生……と、世の中を取り巻く環境や状況は目まぐるしく変貌してきた。先に進んだ国が、遅れた国に追われ始めたのが、この二一世紀である。

会社は、生き物である。奇《く》しくも、ダーウィンが言っているように、すべての生き物には、生き残っていくための条件がある。

大きいから生き残っていくとは限らないし、小さいから死滅するとも限らない。さらに、頭がいいから生存できるかというと、それも種の存続条件ではない。

最後に残って栄えるものは、厳しく、激しい数々の環境や状況の変化に耐え、弾力的に沿っていくものだけである。

社長業とは、変貌する環境や状況への対応業である。

その変貌は、なぜ起こるのか、どう変貌するのか、どのように対応すればよいか、その根本思想から成功の技術までを、精魂をこめて書き上げた。読者の方にとって、事業の繁栄のヒントとなることを願うばかりである。

平成一八年一二月

牟田 學

牟田　學（むた　がく）

わが国屈指の社長専門コンサルタント。「実益・実務・実学」を標榜。明治大学在学中より事業の鬼才を発揮、卒業後も、その経営手腕を見込まれ、雇われ社長として倒産寸前の会社を次々に再建する。現在、自ら創業した五社のオーナー・会長と数社の役員を兼務。40余年の実体験に裏打ちされた確たる経営思想と実務手腕をもとに、「幾代にもわたる事業の繁栄」を、10コース・100時間にまとめ、情熱的に指導。「社長業・知行合一の人」として定評を得ている。

その魅力的な人柄に、これまで延べ11万社にも及ぶ全国の社長が門を叩く。自ら主宰する社長塾だけでも「地球の会」「無門塾」「花伝の会」「実学の門」など、15を数える。特に、類い稀な感性で「変貌する社長業」を先見、企業の繁栄と再建のために、これから儲かる新事業・新商品・新業態の具体的な開発から、売れる仕掛けまでを総合的に手がけ、幾多の実績を誇る。

昭和13年、佐賀県生まれ。25歳にして、多くの政財界人や専門家の勧めで、経営指導機関である日本経営合理化協会を設立。現在、理事長。玉川大学大学院教授。著書に、『社長業』『社長業のすすめ方』(産能大学出版部)、『オーナー社長業』『社長の売上戦略』(日本経営合理化協会出版局)、『社長業 実務と戦略』(ＰＨＰ研究所) がある。

著者連絡先

日本経営合理化協会

〒101-0047　東京都千代田区内神田1-3-3

電話　03-3293-0041

ＵＲＬ　http://www.jmca.co.jp/

Ｅ-mail　muta@jmca.co.jp

打つ手は無限

2007年２月20日　初版発行

2015年２月20日　第４刷発行

著　者　牟田 學

発行人　植木宣隆

発行所　株式会社 サンマーク出版

東京都新宿区高田馬場2－16－11

(電)03－5272－3166

印　刷　図書印刷株式会社

製　本　株式会社若林製本工場

ISBN978-4-7631-9740-5　C0030

ホームページ　http://www.sunmark.co.jp

携帯サイト　http://www.sunmark.jp